W0194018

HEYNE KOCHBÜCHER

Dr. Oetker

Aufläufe

WILHELM HEYNE VERLAG
MÜNCHEN

VORWORT

Hier lässt sich alles in Form bringen. Ob Fleisch, Fisch oder Gemüse, kombiniert mit Nudeln, Reis oder Kartoffeln, belegt mit zart-schmelzendem Käse, so verführt jeder Auflauf, jedes Gratin oder Soufflé die noch so verwöhnten Leckermäuler.

Die Rezepte sind einfach zuzubereiten und, soweit nicht anders vermerkt, für 4 Portionen ausgerichtet.

KAPITELÜBERSICHT

Fischaufläufe

Fleischaufläufe

Gemüseaufläufe

Nudelaufläufe

SEITE 48-65

Kartoffelaufläufe

SEITE 66-77

Süße Aufläufe

SEITE 78-91

RATGEBER SEITE 92-93

FISCH-
AUFLÄUFE

LACHSAUFLAUF,
REZEPT SEITE 10

DIE ZUTATEN:

500 g JUNGER WIRSING
4 FRÜHLINGSZWIEBELN
1 EL BUTTER
500 ml (½ l) SCHLAG-
SAHNE
3 EIER
1 BUND DILL
SALZ
FRISCH GEMAHLENER
PFEFFER
16 SCHEIBEN RÄUCHER-
LACHS
8 COCKTAILTOMATEN
10 GRÜNE SPARGEL-
SPITZEN (BLANCHIERT)
4 EL GERIEBENER, JUNGER
GOUDA

LACHSAUFLAUF *(FOTO SEITE 8/9)*

1. Von dem Wirsing die schlechten Blätter entfernen, Wirsing halbieren, den Strunk herausschneiden, Wirsing in Streifen schneiden, waschen, abtropfen lassen. Die Streifen in kochendem Salzwasser etwa 2 Minuten blanchieren, auf ein Sieb gießen und abtropfen lassen. Die Frühlingszwiebeln putzen, waschen und in Ringe schneiden.

2. Die Butter zerlassen, Frühlingszwiebelringe darin andünsten, den Wirsing dazugeben. Sahne mit den Eiern verquirlen. Den Dill waschen, fein hacken und unterrühren. Eiersahne mit Salz und Pfeffer würzen.

3. Eine ovale, feuerfeste Form ausfetten, 4 Räucherlachsscheiben zuerst hineinlegen, dann abwechselnd Wirsing und Lachs einschichten. Die Eiersahne darüber gießen und die Form auf dem Rost in den Backofen schieben.

Ober-/Unterhitze: etwa 180 °C (vorgeheizt)
Heißluft: etwa 160 °C (nicht vorgeheizt)
Gas: etwa Stufe 3 (vorgeheizt)
Backzeit: etwa 45 Minuten.

4. Etwa 10 Minuten vor Ende der Backzeit den Auflauf herausnehmen, mit Cocktailtomaten, Spargelspitzen garnieren, mit Gouda bestreuen. Den Auflauf fertig garen.

DIE ZUTATEN:

1 KLEINER WIRSING
(ETWA 750 g)
100 g BUTTER
SALZ
FRISCH GEMAHLENER,
WEISSER PFEFFER
1 TL GEMAHLENER
KÜMMEL
250 ml (¼ l) SCHLAG-
SAHNE
2 EIGELB
750 g DORSCHFILET
2 EL ZITRONENSAFT
3 EL SEMMELBRÖSEL

DORSCHFILET AUF WIRSING
(FOTO)

1. Den Wirsing von den schlechten Blättern befreien, vierteln, den Strunk herausschneiden, Wirsing in schmale Streifen schneiden, waschen, abtropfen lassen.

2. Ein Drittel der Butter zerlassen, den Wirsing darin andünsten, mit Salz, Pfeffer und Kümmel würzen. Etwas Wasser hinzugießen, zugedeckt 15 Minuten garen.

3. Die Sahne mit Eigelb verquirlen, mit Salz und Pfeffer abschmecken, die Eiersahne mit dem Wirsing verrühren und in eine gefettete Auflaufform füllen.

4. Das Dorschfilet unter fließendem kalten Wasser abspülen, trockentupfen, in 4 Stücke schneiden, mit Salz bestreuen und mit Zitronensaft beträufeln.

5. Die Hälfte der restlichen Butter in einer Pfanne zerlassen, die Fischstücke darin von beiden Seiten kurz anbraten und auf den Wirsing legen.

6. Die Semmelbrösel unter die restliche weiche Butter rühren, auf dem Fisch verteilen. Die Form auf dem Rost in den Backofen schieben.

Ober-/Unterhitze: etwa 200 °C (vorgeheizt)
Heißluft: etwa 180 °C (vorgeheizt)
Gas: etwa Stufe 4 (vorgeheizt)
Backzeit: etwa 25 Minuten.

DIE ZUTATEN:

250 g MAKKARONI
1 EL SPEISEÖL
400 g FISCHFILET,
Z. B. SEELACHS, KABELJAU
ZITRONENSAFT
SALZ
125 ml (⅛ l) FISCHBRÜHE
125 ml (⅛ l) WEISSWEIN
200 g MITTELALTER
GOUDA
1 STANGE PORREE (LAUCH)
2 FENCHELKNOLLEN
5 TOMATEN
40 g BUTTER
200 ml SCHLAGSAHNE
FRISCH GEMAHLENER
PFEFFER
20 g BUTTERFLÖCKCHEN

SARDINISCHE FISCHMAKKARONI

1. Die Makkaroni in fingerlange Stücke brechen, in kochendem Salzwasser mit Öl nach Packungsanleitung bissfest garen, abgießen, auf ein Sieb geben und abtropfen lassen.

2. Das Fischfilet unter fließendem kalten Wasser abspülen, trockentupfen, mit Zitronensaft beträufeln, wieder trockentupfen und mit Salz bestreuen.

3. Die Brühe mit Wein zum Kochen bringen, den Fisch hineingeben und in etwa 6 Minuten gar ziehen lassen.

4. Die Nudeln in eine gefettete Auflaufform geben und die Fischstücke darauf verteilen. Gouda reiben und ⅓ davon auf den Fisch geben.

5. Den Porree putzen, in Ringe schneiden und waschen. Fenchel putzen, waschen und in kleine Stücke schneiden. Tomaten enthäuten, vierteln und Stängelansätze herausschneiden.

6. Die Butter zerlassen, Porree und Fenchel darin etwa 10 Minuten dünsten, Tomaten hinzufügen, kurze Zeit miterhitzen und die Sahne unterrühren.

7. Das Gemüse mit Salz und Pfeffer abschmecken, auf den Fisch geben und mit dem restlichen Käse bestreuen. Nach Belieben Butterflöckchen darauf setzen. Die Form auf dem Rost in den Backofen schieben.

Ober-/Unterhitze: etwa 200 °C (vorgeheizt)
Heißluft: etwa 180 °C (nicht vorgeheizt)
Gas: etwa Stufe 4 (vorgeheizt)
Backzeit: etwa 30 Minuten.

ANGLERTOPF

1. Die Kartoffeln mit Kümmel in kochendem Salzwasser in 20–25 Minuten gar kochen lassen, heiß pellen und erkaltet in Würfel schneiden.

2. Die Möhren schälen, waschen, in Scheiben schneiden und in der Gemüsebrühe etwa 10 Minuten dünsten, dann abtropfen lassen.

3. In eine gefettete Auflaufform abwechselnd Kartoffeln, Möhren und das zerpflückte, mit Salz und Pfeffer bestreute Fischfilet einschichten.

4. Die Eier mit Milch oder Sahne, Paprika, Thymian, Salz und Petersilie verschlagen und darüber gießen. Semmelbrösel darüber streuen, Butterflöckchen darauf setzen und backen.

Ober-/Unterhitze: etwa 200 °C (vorgeheizt)
Heißluft: etwa 180 °C (nicht vorgeheizt)
Gas: etwa Stufe 4 (vorgeheizt)
Backzeit: etwa 30 Minuten.

Tipp:
Mit Thymian garnieren.

DIE ZUTATEN:

1 kg GEWASCHENE KARTOFFELN
1 TL KÜMMEL
SALZWASSER
500 g MÖHREN
125 ml (1/8 l) GEMÜSE-BRÜHE
ETWAS BUTTER ZUM EINFETTEN
SALZ
FRISCH GEMAHLENER PFEFFER
500 g GEKOCHTES FISCH-FILET
3 EIER
250 ml (1/4 l) MILCH ODER SCHLAGSAHNE
PAPRIKA EDELSÜSS
THYMIAN
FEIN GEHACKTE PETERSILIE
20 g SEMMELBRÖSEL
20 g BUTTERFLÖCKCHEN

DIE ZUTATEN:

200 g SCHILLERLOCKEN
200 g RÄUCHERAAL (FILET)
200 g GERÄUCHERTER
STEINBUTT
½ ROTE PAPRIKASCHOTE
½ GRÜNE PAPRIKASCHOTE
1 ZWIEBEL
2 EL SPEISEÖL
PFEFFER, SALZ
200 g BROCCOLI
1 BUND GEHACKTER DILL
400 ml SCHLAGSAHNE
2 EIER
40 g BUTTERFLÖCKCHEN
80 g GERIEBENER, MITTEL-
ALTER GOUDA

DIE ZUTATEN:

500 g LACHSFILET
(AUFGETAUT)
6 EL SOJA-SAUCE
1 KNOBLAUCHZEHE
10 g BUTTER
1 ZWIEBEL
1 KNOBLAUCHZEHE
450 g TK-BLATTSPINAT
SALZ, PFEFFER
MUSKATNUSS
50 g BUTTER
50 g WEIZENMEHL
750 ml (¾ l) MILCH
(ODER HALB MILCH HALB
WASSER)
1–2 TL INSTANTBRÜHE
ETWA 225 g LASAGNE-
NUDELN
1 PCK. MOZZARELLA
(125 g)

RÄUCHERFISCHAUFLAUF (FOTO)

1. Den Fisch in mundgerechte Stücke schneiden. Die Paprika entkernen, die weißen Scheidewände entfernen, waschen und in Würfel schneiden. Die Zwiebel abziehen und fein würfeln. Die Paprika- und Zwiebelwürfel in Öl anbraten, mit Pfeffer, Salz würzen.

2. Den Broccoli waschen, die Röschen abschneiden, in kochendem Salzwasser 4–5 Minuten blanchieren, auf ein Sieb geben und abtropfen lassen. Den Broccoli mit Fischstückchen, Paprika- und Zwiebelwürfeln und Dill mischen und in eine gebutterte Auflaufform füllen.

3. Die Sahne mit Pfeffer und Eiern verquirlen und über die Fisch-Gemüse-Füllung gießen. Die Butterflöckchen und Gouda darüber geben. Die Form auf dem Rost in den Backofen schieben.

Ober-/Unterhitze: 180–200 °C (vorgeheizt)
Heißluft: 160–180 °C (nicht vorgeheizt)
Gas: Stufe 3–4 (vorgeheizt)
Backzeit: 30–40 Minuten.

LACHS-SPINAT-LASAGNE

1. Das Lachsfilet abspülen, trockentupfen, der Länge nach in 3–4 Scheiben schneiden, mit der Soja-Sauce und der durchgepressten Knoblauchzehe 1 Stunde marinieren.

2. Die Butter (10 g) zerlassen. Die Zwiebel und Knoblauchzehe abziehen, würfeln und in der Butter andünsten. Den Spinat zugeben, mit Salz, Pfeffer und Muskat würzen, 3–4 Minuten dünsten.

3. Für die Béchamelsauce die Butter (50 g) in einem Topf erhitzen, das Mehl hinzugeben und unter Rühren so lange darin erhitzen, bis es hellgelb ist. Die Milch oder das Milch-Wassergemisch nach und nach hinzugeben, mit einem Schneebesen durchschlagen, darauf achten, dass keine Klümpchen entstehen. Die Béchamelsauce mit Salz, Pfeffer, Muskat und Instantbrühe abschmecken.

4. Etwas Béchamelsauce in eine gefettete Auflaufform geben, eine Schicht Lasagne-Nudeln darauf geben. Abwechselnd Spinat, Lachs und Sauce einschichten. Die Sojasaucen-Marinade auf den Lachs träufeln. Auf die letzte Schicht Nudeln die restliche Sauce verteilen.

5. Den Mozzarella fein würfeln und über die Lasagne streuen. Die Form auf dem Rost in den Backofen schieben.

Ober-/Unterhitze: etwa 200 °C (vorgeheizt)
Heißluft: etwa 180 °C (nicht vorgeheizt)
Gas: etwa Stufe 4 (vorgeheizt)
Backzeit: 35–40 Minuten.

750 g SPAGHETTI
1 EL SPEISEÖL
4 DOSEN (JE 200 g)
THUNFISCH
4 TL SARDELLENPASTE
2 TL SENF
8 EIER
500 ml (½ l) SCHLAG-
SAHNE
GERIEBENE MUSKATNUSS
SALZ
1 TL PAPRIKA EDELSÜSS
1 TL GEREBELTER
OREGANO

Tipp:
Den Auflauf mit
Olivenscheiben bestreuen.

THUNFISCH-NUDEL-AUFLAUF

(8 PORTIONEN)

1. Die Nudeln in kochendem Salzwasser mit Öl nach Packungsanleitung bissfest garen, abgießen, auf ein Sieb geben und abtropfen lassen.

2. Den Thunfisch abtropfen lassen, mit einer Gabel zerdrücken, mit Sardellenpaste und Senf vermischen.

3. Die Eier mit Sahne verquirlen, mit den Gewürzen abschmecken, mit der Thunfischmasse verrühren.

4. Die Spaghetti in eine große gefettete Auflaufform oder Fettfangschale geben, die Thunfischmasse darüber geben.

5. Die Fettfangschale oder die Form auf dem Rost in den Backofen schieben.

Ober-/Unterhitze: etwa 200 °C (vorgeheizt)
Heißluft: etwa 180 °C (nicht vorgeheizt)
Gas: etwa Stufe 4 (vorgeheizt)
Backzeit: etwa 40 Minuten.

Beilage: Bunter Gemüsesalat.

ROTBARSCH-KARTOFFEL-GRATIN

1. Kartoffeln waschen, schälen, abspülen, in 1 x 1 cm große Würfel schneiden, gut abtropfen lassen, evtl. trockentupfen, in erhitztem Öl etwa 10 Minuten knusprig braun braten.

2. Zwiebeln abziehen und in Würfel schneiden. Speck ebenfalls in Würfel schneiden. Beide Zutaten gegen Ende der Kartoffelbratzeit kurz mitandünsten.

3. Paprika halbieren, entstielen, entkernen, die weißen Scheidewände entfernen, Schote waschen und in Würfel schneiden. Rauke und Petersilie abspülen, trockentupfen und fein schneiden.

4. Paprika, Rauke und Krabben unter die Kartoffeln mischen, mit Salz und Pfeffer würzen und in eine gefettete, flache Auflaufform (30 x 20 cm) füllen.

5. Die noch tiefgekühlten Rotbarschfilets auf die Kartoffeln legen und leicht salzen. Mit Petersilie und Käse bestreuen. Die Form auf dem Rost in den Backofen schieben.

Ober-/Unterhitze: etwa 180 °C (vorgeheizt)
Heißluft: etwa 160 °C (nicht vorgeheizt)
Gas: etwa Stufe 3 (vorgeheizt)
Backzeit: etwa 30 Minuten.

DIE ZUTATEN:

900 g KARTOFFELN
3 EL OLIVENÖL
2 ROTE ZWIEBELN
70 g GERÄUCHERTER BAUCHSPECK
1 ROTE PAPRIKASCHOTE
1 BUND RAUKE
1 BUND PETERSILIE
125 g KÜCHENFERTIGE KRABBEN
SALZ
FRISCH GEMAHLENER PFEFFER
800 g TK-ROTBARSCH-FILET
120 g GERIEBENER KÄSE, Z. B. MITTELALTER GOUDA

DIE ZUTATEN:

1 GEMÜSEZWIEBEL

500 g AUBERGINEN

500 g ZUCCHINI

5 EL OLIVENÖL

40 g BUTTER

4 TOMATEN

SALZ

FRISCH GEMAHLENER
PFEFFER

600 g SEELACHSFILET

2 EL ZITRONENSAFT

GEREBELTER OREGANO

GEREBELTES BASILIKUM

FISCHAUFLAUF MITTELMEER

(FOTO)

1. Die Gemüsezwiebel abziehen, vierteln, in Streifen schneiden. Auberginen und Zucchini waschen, Stängelansätze entfernen, halbieren und in Scheiben schneiden.

2. Gemüse in erhitztem Olivenöl andünsten. Evtl. 2 Esslöffel Wasser zugeben.

3. Eine feuerfeste Form mit 1 Teelöffel Butter einfetten. Das Gemüse hineingeben.

4. Tomaten waschen, Stängelansätze herausschneiden. Die Tomaten kurze Zeit in kochendes Wasser legen (nicht kochen lassen), in kaltem Wasser abschrecken, enthäuten und entkernen, in Scheiben schneiden, auf dem Gemüse verteilen und mit Salz und Pfeffer bestreuen.

5. Das Seelachsfilet abspülen, trockentupfen, mit Zitronensaft beträufeln, salzen und auf das Gemüse legen. Mit Pfeffer, Oregano und Basilikum bestreuen. Die restliche Butter in Flöckchen darauf setzen. Die Form auf dem Rost in den Backofen schieben.

Ober-/Unterhitze: etwa 200 °C (vorgeheizt)
Heißluft: etwa 180 °C (vorgeheizt)
Gas: etwa Stufe 4 (vorgeheizt)
Backzeit: etwa 20 Minuten.

DIE ZUTATEN:

1 PCK. GEMISCHTE
TK-MEERESFRÜCHTE (500 g)

2 ABGEZOGENE,
ZERDRÜCKTE KNOBLAUCH-
ZEHEN

2 EL OLIVENÖL

1 kg KARTOFFELN

2 TOMATEN

12 GRÜNE OLIVEN (OHNE
STEIN)

200 ml SCHLAGSAHNE

200 ml MILCH

6 EL SOJASAUCE

GEREBELTER OREGANO

GERIEBENE MUSKATNUSS

FRISCH GEMAHLENER
PFEFFER

50 g GERIEBENER KÄSE

MEERESFRÜCHTEGRATIN

1. Die Meeresfrüchte auftauen lassen und mit Knoblauch in dem erhitztem Öl andünsten.

2. Kartoffeln waschen, schälen, abspülen und in sehr feine Scheiben schneiden. Tomaten waschen, halbieren, die Stängelansätze herausschneiden, die Tomaten in Scheiben oder Würfel schneiden. Oliven in Scheiben schneiden.

3. Die Hälfte der Kartoffeln in eine gefettete Gratinform schichten. Dann Tomaten und Meeresfrüchte darauf verteilen. Das Ganze mit den restlichen Kartoffeln bedecken.

4. Sahne, Milch und Sojasauce verrühren, mit Oregano, Muskat und Pfeffer abschmecken und über die Kartoffeln geben.

5. Den Auflauf mit Käse bestreuen. Die abgedeckte Form auf dem Rost in den Backofen schieben. Nach der Hälfte der Garzeit den Auflauf offen weitergaren.

Ober-/Unterhitze: etwa 200 °C (vorgeheizt)
Heißluft: etwa 180 °C (nicht vorgeheizt)
Gas: etwa Stufe 4 (vorgeheizt)
Backzeit: etwa 60 Minuten.

FLEISCH-AUFLÄUFE

HÄHNCHENAUFLAUF
MIT ZUCKERSCHOTEN,
REZEPT SEITE 22

400 g HÄHNCHENFLEISCH
3 EL SPEISEÖL
200 g ZUCKERSCHOTEN
1 MITTELGROSSE ZWIEBEL
200 g ZUCCHINI
SALZ, PFEFFER
MUSKATNUSS
1 ABGEZOGENE, ZER-
DRÜCKTE KNOBLAUCHZEHE
125 g FRISCHKÄSE
200 ml SCHLAGSAHNE
2 EIER
1 EL GEHACKTER KERBEL
1 EL GEHACKTE PETERSILIE
1 EL GESCHNITTENER
SCHNITTLAUCH
40 g GERIEBENER
GREYERZER
30 g BUTTERFLÖCKCHEN

HÄHNCHENAUFLAUF MIT ZUCKERSCHOTEN *(FOTO SEITE 20/21)*

1. Das Hähnchenfleisch unter kaltem Wasser abspülen, trockentupfen, in grobe Würfel schneiden. Das Speiseöl in einer Pfanne erhitzen, das Hähnchenfleisch rundherum kräftig anbraten, herausnehmen. Von den Zuckerschoten die Enden abschneiden, in kochendem Wasser etwa 2 Minuten blanchieren, auf einem Sieb abtropfen lassen.

2. Die Zwiebel abziehen, würfeln, in dem Bratfett andünsten. Die Zucchini waschen, abtrocknen, die Enden abschneiden, in Scheiben schneiden, hinzufügen und andünsten. Mit Salz, Pfeffer, Muskat und Knoblauch würzen.

3. Den Frischkäse mit der Schlagsahne, Eiern, Kerbel, Petersilie und Schnittlauch verrühren. Eine flache Auflaufform ausbuttern, mit Fleisch, Gemüse und Zwiebelwürfeln füllen, mit der Eiersahne übergießen. Den Greyerzer und die Butterflöckchen darüber streuen. Die Auflaufform auf dem Rost in den Backofen schieben.

Ober-/Unterhitze: 180–200 °C (vorgeheizt)
Heißluft: 160–180 °C (nicht vorgeheizt)
Gas: Stufe 3–4 (vorgeheizt)
Backzeit: 30–40 Minuten.

FÜR DIE FÜLLUNG:
1 BRÖTCHEN
250 g GEHACKTES (HALB
RIND-, HALB SCHWEINE-
FLEISCH)
SALZ, PFEFFER
OREGANO, THYMIAN
ETWA 250 g CANNELLONI

FÜR DIE SAUCE:
300 g CRÈME FRAÎCHE
125 ml (⅛ l) MILCH
SPEISEWÜRZE
GEHACKTES BASILIKUM
50 g GERIEBENER PARMESAN
BUTTER

CANNELLONI ROSANELLA *(FOTO)*

1. Für die Füllung das Brötchen in kaltem Wasser einweichen, gut ausdrücken, mit Gehacktem vermengen und die Masse mit Salz, Pfeffer, Oregano, Thymian würzen.

2. Die Cannelloni damit füllen (am besten mit Hilfe eines Spritzbeutels, ohne Tülle). Die Cannelloni nebeneinander in eine gefettete Auflaufform legen.

3. Für die Sauce Crème fraîche mit Milch verrühren, mit Salz, Pfeffer, Speisewürze, Basilikum abschmecken, über die Cannelloni gießen (sie müssen ganz mit der Sauce bedeckt sein).

4. Die Cannelloni mit geriebenem Parmesan bestreuen, Butter in Flöckchen darauf setzen und die Auflaufform bzw. Form auf dem Rost in den Backofen schieben.

Ober/Unterhitze: 180–200 °C (vorgeheizt)
Heißluft: 160–180 °C (nicht vorgeheizt)
Gas: Stufe 3–4 (vorgeheizt)
Backzeit: etwa 30 Minuten.

500 g GESCHNITTENE
RUMSTEAK- ODER HÜFT-
STEAKSCHEIBEN
(ETWA ½ cm DICK)
3 EL SPEISEÖL
100 ml WASSER
1 TL SENF
SALZ
FRISCH GEMAHLENER
PFEFFER
2 TOMATEN
2 KLEINE GEWÜRZGURKEN
1 ZWIEBEL
6 SCHEIBEN FRÜHSTÜCKS-
SPECK
150 g SPEISEQUARK
2 EL KRÄUTERFRISCHKÄSE
3 EIGELB
3 EIWEISS

RINDFLEISCHAUFLAUF

1. Das Fleisch unter fließendem kalten Wasser abspülen, gut trockentupfen. 1 Esslöffel von dem Öl in einer beschichteten Pfanne erhitzen, ⅓ der Fleischscheiben bei starker Hitze von jeder Seite 2 Minuten darin braten. Mit dem restlichen Öl und Fleisch genauso verfahren. Das Fleisch etwas abkühlen lassen, dann in ½ cm breite Streifen schneiden.

2. Den Bratenansatz mit dem Wasser loskochen und mit dem beim Abkühlen der Fleischscheiben entstandenen Bratensaft und Senf verrühren, mit Salz und Pfeffer kräftig würzen und über das Fleisch gießen.

3. Die Tomaten waschen, vierteln, Stängelansätze herausschneiden, entkernen und in Streifen schneiden. Die Gurken in Streifen schneiden. Die Zwiebel abziehen und in Würfel schneiden. Tomaten- und Gurkenstreifen und Zwiebelwürfel mit dem Fleisch vermengen.

4. Eine flache Auflaufform mit Frühstücksspeck auslegen, das Fleisch darauf verteilen.

5. Den Quark mit Frischkäse, Eigelb, Salz und Pfeffer cremig rühren. Das Eiweiß steif schlagen, unter die Quarkmasse ziehen, auf das Fleisch geben und verstreichen. Die Form auf dem Rost in den Backofen schieben.

Ober-/Unterhitze: etwa 200 °C (vorgeheizt)
Heißluft: etwa 180 °C (vorgeheizt)
Gas: etwa Stufe 4 (vorgeheizt)
Backzeit: etwa 25 Minuten.

Sollte der Auflauf zu stark bräunen, ihn nach ⅔ der Backzeit mit Alufolie abdecken.

Beigabe: Brat- oder Röstkartoffeln, gemischter Salat.

RÖSTI-TORTE MIT FILETSTREIFEN

1. Kartoffeln waschen, in Salzwasser zum Kochen bringen, etwa 10 Minuten kochen, dann abgießen, pellen und etwas abkühlen lassen.

2. Zwiebel abziehen und in feine Würfel schneiden.

3. Kartoffeln grob raffeln, mit Zwiebelwürfeln, Salz und Pfeffer vermischen. Zwei Rösti, in Größe der Auflaufform (Ø etwa 24 cm) jeweils in etwas erhitztem Öl backen. Einen Rösti in die Auflaufform geben.

4. Paprika halbieren, entstielen, entkernen, die weißen Scheidewände entfernen, Schoten waschen und in dünne Streifen schneiden. Von den Zucchini die Enden abschneiden, Zucchini waschen und in 1 x 1 cm große Würfel schneiden.

5. Frühlingszwiebeln putzen, waschen und in dünne Ringe schneiden. Schweinefilet unter fließendem kalten Wasser abspülen, trockentupfen und in Streifen schneiden.

6. Das restliche Öl in einer Pfanne erhitzen, darin das Filet bei starker Hitze schnell anbraten. Paprikastreifen, Zucchiniwürfel, Frühlingszwiebeln und Schinkenspeck zugeben, andünsten. Mit Salz und Pfeffer würzen, alles in die Auflaufform auf dem Rösti verteilen.

7. Etwas Käse darüber streuen, den zweiten Rösti darauf legen, restlichen Käse darauf verteilen. Die Form auf dem Rost in den Backofen schieben.

Ober-/Unterhitze: etwa 200 °C (vorgeheizt)
Heißluft: etwa 180 °C (vorgeheizt)
Gas: etwa Stufe 4 (vorgeheizt)
Backzeit: etwa 15 Minuten.

DIE ZUTATEN:

1 kg FESTKOCHENDE KARTOFFELN
1 ZWIEBEL
SALZ
FRISCH GEMAHLENER PFEFFER
6 EL WEIZENKEIMÖL
3 ROTE PAPRIKASCHOTEN
200 g ZUCCHINI
1 BUND FRÜHLINGS-ZWIEBELN
400 g SCHWEINEFILET
120 g SCHINKENSPECK-STREIFEN
150 g GERIEBENER EMMENTALER

1 ZWIEBEL

2 EL SPEISEÖL

300 g KALBSHACKFLEISCH

300 g BLUMENKOHL

170 g MÖHREN

150 g PORREE (LAUCH)

250 g CHAMPIGNONS

2 EL BUTTER

250 g KARTOFFELN

3 EIER

1 BECHER (150 g) CRÈME FRAÎCHE

SALZ

FRISCH GEMAHLENER PFEFFER

GERIEBENE MUSKATNUSS

150 g GERIEBENER KÄSE

KALBFLEISCHAUFLAUF

1. Zwiebel abziehen und fein würfeln. Öl erhitzen, die Zwiebelwürfel und das Kalbshackfleisch darin anbraten.

2. Den Blumenkohl von Blättern, schlechten Stellen und dem Strunk befreien, sorgfältig waschen. Freiland-Blumenkohl etwa 10 Minuten in kaltes Salzwasser legen, um Raupen und Insekten zu entfernen. Den Blumenkohl in kleine Röschen zerteilen.

3. Möhren putzen, schälen, waschen, fein würfeln oder in feine Scheiben schneiden. Porree putzen, waschen, in Ringe schneiden.

4. Blumenkohl, Möhren und Porree etwa 3 Minuten in kochendem Salzwasser blanchieren, mit kaltem Wasser abschrecken und abtropfen lassen.

5. Champignons putzen, mit Küchenpapier abreiben, evtl. abspülen, in Scheiben schneiden und in der Butter kurz andünsten.

6. Kartoffeln waschen, schälen, abspülen und in Scheiben schneiden.

7. Zuerst die Kartoffelscheiben auf den Boden einer gefetteten Auflaufform geben. Dann Hackfleisch, Gemüse und Pilze abwechselnd lagenweise in die Auflaufform schichten.

8. Eier mit Crème fraîche verschlagen, mit Salz, Pfeffer und Muskat würzen. Die Eiermasse über den Auflauf gießen, mit Käse bestreuen. Die Form auf dem Rost in den Backofen schieben.

Ober-/Unterhitze: etwa 200 °C (vorgeheizt)
Heißluft: etwa 180 °C (nicht vorgeheizt)
Gas: etwa Stufe 4 (vorgeheizt)
Backzeit: etwa 40 Minuten.

Sollte der Auflauf zu stark bräunen, ihn nach ⅔ der Backzeit mit Alufolie abdecken.

Tipp:
Statt des Kalbshackfleisch kann auch Rind- oder Schweinefleisch (halb und halb) verwendet werden.

DIE ZUTATEN:

800 g KARTOFFELN
2 ZWIEBELN
2 KNOBLAUCHZEHEN
600 g FERTIG
GEWÜRZTES GYROS
3 EL OLIVENÖL
600 g KRAUTSALAT
200 g JOGHURT
200 g FETA-KÄSE ODER
SCHAFSKÄSE
SALZ
FRISCH GEMAHLENER
PFEFFER
GEREBELTER OREGANO

KRAUTSALAT-GYROS-AUFLAUF

1. Kartoffeln waschen, schälen, abspülen, in Salzwasser etwa 10 Minuten kochen, dann abgießen und auskühlen lassen.

2. Zwiebeln und Knoblauch abziehen und in feine Würfel schneiden.

3. Gyros in erhitztem Öl kräftig anbraten. Zwiebel- und Knoblauchwürfel hinzugeben und kurz anbraten.

4. Krautsalat abgetropft in eine gefettete, flache Auflaufform geben. Darauf den Joghurt streichen und anschließend das Fleisch darauf verteilen.

5. Kartoffeln grob raffeln, Feta oder Schafskäse zerkleinern und mit den Kartoffeln vermischen. Mit Salz, Pfeffer und Oregano würzen. Die Kartoffel-Käse-Masse auf dem Fleisch verteilen. Die Form auf dem Rost in den Backofen schieben.

Ober-/Unterhitze: etwa 200 °C (vorgeheizt)
Heißluft: etwa 180 °C (nicht vorgeheizt)
Gas: etwa Stufe 4 (vorgeheizt)
Backzeit: etwa 40 Minuten.

SCHAFHIRTENAUFLAUF

1. Kartoffeln waschen, schälen, abspülen, in Salzwasser 20–25 Minuten kochen, dann abgießen.

2. Kartoffeln sofort durch die Kartoffelpresse geben, mit Milch, die Hälfte der Butter, Salz, Muskat und Safran verrühren.

3. Zwiebeln und Knoblauch abziehen und in feine Würfel schneiden. Hackfleisch in einer Pfanne ohne Fett anbraten. Zwiebeln und Knoblauch kurz mitandünsten.

4. Von den Zucchini die Enden abschneiden, Zucchini waschen, in Würfel schneiden und kurz mit dem Hackfleisch anbraten.

5. Paprika halbieren, entstielen, entkernen, die weißen Scheidewände entfernen, Schoten waschen, in Streifen schneiden und ebenfalls mit dem Fleisch anbraten. Schafskäse in Würfel schneiden und unter die Fleisch-Gemüse-Masse rühren. Mit Salz, Pfeffer, Chili und Thymian abschmecken.

6. Die Fleisch-Gemüse-Masse in eine gefettete Auflaufform füllen und etwas andrücken. Den Kartoffelbrei darauf verteilen und die restliche Butter in Flöckchen auf den Brei setzen. Die Form auf dem Rost in den Backofen schieben.

Ober-/Unterhitze: etwa 200 °C (vorgeheizt)
Heißluft: etwa 180 °C (nicht vorgeheizt)
Gas: etwa Stufe 4 (vorgeheizt)
Backzeit: etwa 30 Minuten.

DIE ZUTATEN:

800 g **KARTOFFELN**
SALZ
150 ml **HEISSE MILCH**
60 g **BUTTER**
GERIEBENE MUSKATNUSS
1 **DÖSCHEN** (0,2 g)
SAFRAN
2 **ZWIEBELN**
2 **KNOBLAUCHZEHEN**
600 g **LAMM- ODER
RINDERHACKFLEISCH**
300 g **ZUCCHINI**
2 **ROTE PAPRIKASCHOTEN**
200 g **SCHAFSKÄSE**
**FRISCH GEMAHLENER
PFEFFER**
CHILIPULVER
GEREBELTER THYMIAN

Tipp:
Mit Blattsalat servieren.

DIE ZUTATEN:

FÜR DEN TEIG:

300 g WEIZENMEHL

2 EIER

2 EIGELB

SALZ

1 EL OLIVENÖL

ETWAS GRIESS

FÜR DIE FÜLLUNG:

30 g BUTTER

30 g WEIZENMEHL

250 ml (¼ l) MILCH

125 ml (⅛ l) GEMÜSE-

BRÜHE

SALZ

FRISCH GEMAHLENER

PFEFFER

GERIEBENE MUSKATNUSS

500 g MOZZARELLA

150 g PARMASCHINKEN

3 EIGELB

FÜR DIE SAUCE:

2 EL OLIVENÖL

1 ZWIEBEL

4 KNOBLAUCHZEHEN

1 GROSSE DOSE

GESCHÄLTE TOMATEN

(800 g)

1 EL TOMATENMARK

GEREBELTER THYMIAN

GEREBELTER OREGANO

GEREBELTES BASILIKUM

50 g BUTTER

100 g FRISCH GERIEBENER

PARMESAN

CANNELLONI, NEAPOLITANISCH

1. Für den Teig Zutaten mit dem Handrührgerät mit Knethaken zu einem Teig verarbeiten, evtl. 1 Esslöffel kaltes Wasser zugeben. Den Teig 30 Minuten ruhen lassen.

2. Für die Füllung Butter zerlassen, Mehl darin unter Rühren hellgelb dünsten, nach und nach Milch und Gemüsebrühe unter ständigem Rühren hinzufügen. 5 Minuten kochen lassen, mit Salz, Pfeffer und Muskat würzen.

3. Den Mozzarella und Parmaschinken in kleine Würfel schneiden, mit dem Eigelb unterheben. Die Masse abkühlen lassen.

4. Den Teig portionsweise dünn ausrollen und Rechtecke von 12 x 8 cm ausschneiden. Diese 5–7 Minuten in kochendes Salzwasser geben, herausnehmen, kalt abspülen, abtropfen lassen.

5. Die Teigblätter auf einem Küchenbrett ausbreiten, etwas von der Füllung darauf geben, aufrollen und in eine gefettete Auflaufform (Größe der Teigrollen) setzen.

6. Für die Sauce Öl erhitzen, abgezogene, gewürfelte Zwiebel- und Knoblauchwürfel darin andünsten. Tomaten mit Saft dazugeben, dabei die Tomaten etwas zerdrücken, Tomatenmark unterrühren, Gewürze dazugeben und 2–3 Minuten kochen lassen.

7. Die Sauce über die Cannelloni verteilen, Butter und Parmesan darüber geben. Die Form auf dem Rost in den Backofen schieben.

Ober/Unterhitze: etwa 200 °C (vorgeheizt)
Heißluft: etwa 180 °C (nicht vorgeheizt)
Gas: etwa Stufe 4 (vorgeheizt)
Backzeit: etwa 40 Minuten.

Tipp:
Gekaufte Cannelloni verwenden, spart sehr viel Zeit.

GEMÜSE-AUFLÄUFE

UNGARISCHER FRÜHLINGS-ZWIEBELAUFLAUF, REZEPT SEITE 34

1 BUND FRÜHLINGS-
ZWIEBELN

500 g GEKOCHTE
KARTOFFELN

JE ½ GROSSE ROTE,
GELBE UND GRÜNE
PAPRIKASCHOTE

200 g SALAMI

1 BUND GLATTE
PETERSILIE, 2 EIER

150 g SAURE SAHNE

200 ml SCHLAGSAHNE

PAPRIKA EDELSÜSS

SALZ, PFEFFER

ETWAS TABASCO

100 g SCHAFSKÄSE

30 g BUTTER

DIE ZUTATEN:

2 GELBE PAPRIKA-
SCHOTEN

2 ROTE PAPRIKASCHOTEN

4 MITTELGROSSE ZUCCHINI

1 KNOBLAUCHZEHE

1 BUND BASILIKUM

200 g MOZZARELLA

50 g SCHWARZE OLIVEN

SALZ

FRISCH GEMAHLENER
PFEFFER

6 EL SOJAÖL

Tipp:
Dazu passt Stangen-
weißbrot und Chianti.

UNGARISCHER FRÜHLINGS-ZWIEBELAUFLAUF *(FOTO SEITE 32/33)*

1. Frühlingszwiebeln putzen, waschen und in feine Ringe schneiden. Kartoffeln in Würfel schneiden. Paprika halbieren, entstielen, entkernen, die weißen Scheide-wände entfernen, Schoten waschen und in Streifen schneiden.

2. Salami in kleine Würfel schneiden. Petersilie abspülen, die Blättchen von den Stängeln zupfen und in Streifen schneiden. Das Gemüse mit den Kartoffel- und Salamiwürfeln mischen und in eine gefettete Auflaufform geben.

3. Eier mit saurer Sahne und Schlagsahne verrühren und mit Paprika, Salz, Pfeffer und Tabasco würzen. Eiersahne über den Auflauf gießen. Schafskäse zerbröckeln, darüber streuen und mit Butter in Flöckchen belegen. Die Form auf dem Rost in den Backofen schieben.

Ober-/Unterhitze: 180–200 °C (vorgeheizt)
Heißluft: 160–180 °C (nicht vorgeheizt)
Gas: Stufe 3–4 (vorgeheizt)
Backzeit: etwa 30 Minuten.

ITALIENISCHER GEMÜSEAUFLAUF *(FOTO)*

1. Paprikaschoten halbieren, entstielen, entkernen, die weißen Scheidewände ent-fernen. Schoten waschen und auf einem Backblech in den Backofen schieben.

Ober-/Unterhitze: etwa 250 °C, **Heißluft:** etwa 220 °C, **Gas:** etwa Stufe 5

Die Paprikaschoten so lange rösten, bis die Haut Blasen wirft.

2. Mit einem feuchten Küchentuch kurz abdecken. Die Haut abziehen und die Paprikaschoten in grobe Streifen schneiden.

3. Zucchini putzen, die Enden abschneiden, Zucchini waschen und in Scheiben schneiden. Knoblauchzehe abziehen, fein würfeln. Basilikum abspülen, trockentupfen. Die Blättchen abzupfen und in Streifen schneiden. Mozzarella in Scheiben schneiden.

4. Eine Auflaufform leicht einfetten, Paprikastreifen, Mozzarella- und Zucchini-scheiben sowie schwarze Oliven hineingeben. Alles mit Salz und Pfeffer würzen. Das Sojaöl mit Knoblauch und Basilikum verrühren und über das Gemüse verteilen. Die Form auf dem Rost in den Backofen schieben.

Ober-/Unterhitze: etwa 200 °C (vorgeheizt)
Heißluft: etwa 180 °C (vorgeheizt)
Gas: etwa Stufe 4 (vorgeheizt)
Backzeit: 25–30 Minuten.

DIE ZUTATEN:

1 MITTELGROSSER
BLUMENKOHL (ETWA
1 ½ kg)
500 ml (½ l) KOCHENDES
SALZWASSER
200 g SCHINKENRESTE
(GEKOCHTER SCHINKEN)
200 ml SCHLAGSAHNE
1 EI
1 TL EINGELEGTER,
GRÜNER PFEFFER
125 g ROHER SCHINKEN
(IN DÜNNEN SCHEIBEN)
50 g BUTTER
20 g WEIZENMEHL
125 ml (⅛ l) MILCH
3 EIGELB
50 g GERIEBENER
PARMESAN
3 EIWEISS

BLUMENKOHLAUFLAUF MIT KÄSEHAUBE

1. Von dem Blumenkohl die Blätter und die schlechten Stellen entfernen, den Strunk abschneiden.

2. Blumenkohl abspülen, in kochendes Salzwasser geben und zum Kochen bringen. 10–12 Minuten kochen, abtropfen lassen und die Röschen vom Strunk lösen.

3. Schinkenreste grob zerkleinern, pürieren und mit Schlagsahne, Ei und Pfeffer gut verrühren. Rohen Schinken in feine Würfel schneiden und unterrühren.

4. Die Hälfte der Schinken-Sahne-Masse in eine gefettete, feuerfeste Auflaufform (etwa 1 l Inhalt) geben. Die Hälfte der Blumenkohlröschen hineingeben, mit der restlichen Schinken-Sahne-Masse bedecken und die restlichen Blumenkohlröschen hineindrücken.

5. Butter zerlassen und Weizenmehl unter Rühren darin erhitzen, bis es hellgelb ist. Milch unter Rühren hinzugießen, darauf achten, dass keine Klumpen entstehen, zum Kochen bringen, etwa 5 Minuten kochen lassen, von der Kochstelle nehmen.

6. Eigelb mit Parmesan verschlagen und unterrühren. Eiweiß steif schlagen und unter die Käsemasse heben. Die Käsemasse auf dem Blumenkohl verteilen. Die Form auf dem Rost in den Backofen schieben.

Ober-/Unterhitze: etwa 200 °C (vorgeheizt)
Heißluft: etwa 180 °C (nicht vorgeheizt)
Gas: etwa Stufe 4 (vorgeheizt)
Backzeit: etwa 35 Minuten.

GEMÜSE-REIS-GRATIN

1. Reis in das kochende Salzwasser geben, zum Kochen bringen, in etwa 45 Minuten ausquellen lassen, auf ein Sieb geben, mit lauwarmem Wasser übergießen und abtropfen lassen. Butter unterrühren und mit Salz, Pfeffer und Paprika würzen. Reis in eine gefettete Gratinform geben und glatt streichen.

2. Zucchini waschen, abtrocknen, Enden abschneiden und die Zucchini in etwa ½ cm dicke Scheiben schneiden. Zwiebeln und Knoblauchzehe abziehen und fein würfeln. Öl erhitzen, Zwiebel- und Knoblauchwürfel darin andünsten, die Zucchinischeiben hinzufügen und durchdünsten lassen.

3. Mit Salz, Pfeffer und Kräutermischung würzen.

4. Tomaten waschen, abtrocknen, Stängelansätze herausschneiden. Tomaten in Scheiben schneiden, als Kreis auf den Reis legen, mit Salz, Pfeffer und Kräutermischung bestreuen.

5. Zucchinischeiben in die Mitte geben und Mozzarella in kleine Stücke schneiden und auf dem Gemüse verteilen.

6. Kurz unter den vorgeheizten Grill schieben, bis der Käse zerläuft.

25 g GETROCKNETE
SHII-TAKE-PILZE

175 g BAMBUSSPROSSEN
(AUS DER DOSE)

100 g SOJABOHNEN-
KEIMLINGE

200 g STAUDENSELLERIE

2 STANGEN PORREE

200 g MÖHREN

200 g CHINAKOHL

4 ANANASRINGE (AUS DER
DOSE)

2 EL MANGO-CHUTNEY

2 EL SOJASAUCE

SALZ, PFEFFER

ETWAS SAMBAL OELEK

ETWA 5 EL ANANASSAFT

CURRYPULVER

200 ml SCHLAGSAHNE

150 g SAURE SAHNE

2 EIER, 40 g BUTTER

SÜSS-SAURER ASIATISCHER AUFLAUF *(FOTO)*

1. Pilze waschen, etwa 2 Stunden in lauwarmem Wasser einweichen, auf ein Sieb geben und in Streifen schneiden.

2. Bambussprossen gut abtropfen lassen. Sojabohnenkeimlinge verlesen und kalt abspülen. Staudensellerie putzen, waschen und harte Außenfäden abziehen. Porree putzen und gründlich waschen. Möhren putzen, schälen und waschen. Chinakohl putzen, den Strunk herausschneiden. Porree, Möhren und Chinakohl in Streifen schneiden und in Salzwasser 2 Minuten blanchieren.

3. Ananasringe in Stücke schneiden. Mango-Chutney etwas zerkleinern. Alle Zutaten gut vermischen, mit Sojasauce, Salz, Pfeffer, Sambal Oelek, Ananassaft und Curry abschmecken. Die Zutaten in eine gefettete, flache Auflaufform geben.

4. Schlagsahne mit saurer Sahne und Eiern verrühren, mit Salz, Pfeffer und Curry abschmecken, über den Auflauf gießen und Butter in Flöckchen darauf setzen. Die Form auf dem Rost in den Backofen schieben.

Ober-/Unterhitze: etwa 200 °C (vorgeheizt)
Heißluft: etwa 180 °C (vorgeheizt)
Gas: etwa Stufe 4 (vorgeheizt)
Backzeit: etwa 25 Minuten.

Beigabe: Spiegelei.

300 g MAKKARONI

1 EL SPEISEÖL

1 kg KÜRBIS

500 g TOMATEN

1 STANGE PORREE
(LAUCH)

SALZ

FRISCH GEMAHLENER
PFEFFER

GEREBELTER OREGANO

200 g JOGHURT

5 EIER

150 g GERIEBENER GOUDA

TOMATEN-KÜRBIS-AUFLAUF

1. Die Makkaroni in kochendem Salzwasser mit Öl nach Packungsanleitung bissfest garen, abgießen, auf ein Sieb geben und abtropfen lassen.

2. Kürbis schälen, Kerne und Fasern entfernen und das Mark mit einem Löffel auskratzen. Kürbis in etwa 2 x 2 cm große Würfel schneiden.

3. Die Tomaten waschen, die Stängelansätze entfernen und die Tomaten grob würfeln. Porree putzen, halbieren, waschen und in Streifen schneiden.

4. Die Makkaroni 2–3-mal durchschneiden, mit Kürbis, Tomaten und Porree mischen. Mit Salz, Pfeffer und Oregano würzen und in eine gefettete Auflaufform geben.

5. Den Joghurt mit Eiern verrühren, mit Salz und Pfeffer würzen, über die Nudeln gießen, Käse darüber streuen. Die Form auf dem Rost in den Backofen schieben.

Ober-/Unterhitze: etwa 200 °C (vorgeheizt)
Heißluft: etwa 180 °C (nicht vorgeheizt)
Gas: etwa Stufe 4 (vorgeheizt)
Backzeit: etwa 40 Minuten.

2 KLEINE ZWIEBELN

1 KNOBLAUCHZEHE

**1 BUND FRÜHLINGS-
ZWIEBELN**

250 g MÖHREN

500 g PORREE (LAUCH)

**1 KLEINER KÜRBIS
(ETWA 1 kg, ETWA 600 g
KÜRBISFLEISCH)**

3 EL SONNENBLUMENÖL

**100 g SONNENBLUMEN-
KERNE**

SALZ

**FRISCH GEMAHLENER
PFEFFER**

GEKÖRNTE GEMÜSEBRÜHE

INGWERPULVER

100 g GOUDA

4 EIER

200 ml SCHLAGSAHNE

Tipp:
Der Auflauf kann zusätzlich
mit Cayennepfeffer gewürzt
werden.

KÜRBIS-MÖHREN-AUFLAUF

(4–6 PORTIONEN)

1. Die Zwiebeln und den Knoblauch abziehen und fein hacken. Die Frühlingszwiebeln waschen, grüne und weiße Teile getrennt in feine Ringe schneiden. Die Möhren waschen und dünn schälen, halbieren und in etwa ½ cm breite Scheiben schneiden.

2. Den Porree putzen, quer in Scheiben schneiden und in einem Sieb gründlich waschen. Den Kürbis mit einem sehr scharfen Messer schälen, mit einem Löffel den weichen Faserteil mit den Kernen herauskratzen und das feste Fruchtfleisch würfeln. Eine Auflaufform mit 1 Esslöffel Öl fetten.

3. In einem großen Topf das restliche Öl erhitzen. Zwiebel und Knoblauch darin kurz andünsten. Dann die Möhren dazugeben und alles bei mittlerer Hitze und geschlossenem Topf etwa 3 Minuten dünsten, gelegentlich umrühren. Den Porree, das Weiße der Lauchzwiebeln und den Kürbis zu den Möhren geben, gut umrühren und etwa 5 Minuten bei geschlossenem Topf dünsten lassen.

4. Inzwischen die Sonnenblumenkerne in einer großen Pfanne ohne Fett unter Wenden goldgelb rösten. Das Gemüse mit Salz, Pfeffer, gekörnter Gemüsebrühe und Ingwerpulver pikant würzen. Das Frühlingszwiebelgrün hinzugeben. Nochmals etwa 3 Minuten unter gelegentlichem Rühren weitergaren. Gut die Hälfte der Sonnenblumenkerne untermischen.

5. Den Käse raspeln. Die Eier mit der Sahne und dem Käse verquirlen, mit etwas Salz und Pfeffer würzen. Das Gemüse in die Form füllen und die Eiersahne darüber gießen. Die restlichen Sonnenblumenkerne darüber streuen und den Auflauf auf dem Rost in den Backofen schieben.

Ober-/Unterhitze: etwa 200 °C (vorgeheizt)
Heißluft: etwa 180 °C (vorgeheizt)
Gas: etwa Stufe 4 (vorgeheizt)
Backzeit: etwa 20 Minuten.

Couscous-Broccoli-Auflauf

1. Den Couscous nach Packungsanleitung mit dem Wasser übergießen und etwa 5 Minuten quellen lassen. Den Broccoli putzen, waschen und in Röschen teilen. Die Stiele schälen, in Stifte schneiden. Die Broccolistifte und -röschen etwa 5 Minuten in Salzwasser blanchieren.

2. Die Minze mit kaltem Wasser abspülen, trockentupfen und hacken. Die Chilischote aufschneiden, entkernen, abspülen und fein würfeln. Couscous, Minze, Chili, Rosinen, Cumin, Crème fraîche, 3 Esslöffel Sonnenblumenkerne und Salz vermischen und abschmecken.

3. Die Couscous-Mischung in eine feuerfeste Form geben, den Broccoli darüber verteilen. Zum Schluss den Schafskäse darüber bröseln und mit den restlichen Sonnenblumenkernen bestreuen. Die Form auf dem Rost in den Backofen schieben.

Ober-/Unterhitze: etwa 220 °C (vorgeheizt)
Heißluft: etwa 200 °C (vorgeheizt)
Gas: etwa Stufe 5 (vorgeheizt)
Backzeit: etwa 15 Minuten.

Beigabe: Cremig gerührter Rahmjoghurt und Tomatensalat.

DIE ZUTATEN:

250 g COUSCOUS (VORGEKOCHT)
400 ml KOCHENDES WASSER
500 g BROCCOLI
1 ZWEIG MINZE
1 ROTE CHILISCHOTE
2 EL ROSINEN
1 TL CUMIN (KREUZKÜMMEL)
150 g CRÈME FRAÎCHE
6 EL SONNENBLUMEN-KERNE
SALZ
100 g SCHAFSKÄSE

30 g BUTTER

300 g STAUDENSELLERIE

400 g CHAMPIGNONS

1 ROTE PAPRIKASCHOTE

1 BUND FRÜHLINGS-
ZWIEBELN

SALZ

FRISCH GEMAHLENER
PFEFFER

GEREBELTER THYMIAN

5 EIER

200 ml SCHLAGSAHNE

GEMAHLENE MACIS
(MUSKATBLÜTE)

120 g GERASPELTER
PECORINO

60 g SONNENBLUMEN-
KERNE

PAPRIKA EDELSÜSS

CHAMPIGNONAUFLAUF *(Foto)*

1. Eine flache Auflaufform mit Butter einfetten. Staudensellerie putzen, waschen, harte Außenfäden abziehen, die Stangen in nicht zu dünne Scheiben schneiden. Die Champignons putzen, mit Küchenpapier abreiben, evtl. abspülen, gut abtropfen lassen und vierteln.

2. Die Paprika halbieren, entstielen, entkernen, die weißen Scheidewände entfernen und die Schoten waschen. Paprika in Würfel schneiden. Frühlingszwiebeln putzen, waschen, in 1 cm große Stücke schneiden.

3. Die Champignons mit dem Gemüse mischen, mit Salz, Pfeffer und Thymian würzen, alles in die Auflaufform geben. Die Eier mit Schlagsahne verrühren, mit Salz und Macis würzen, über den Auflauf verteilen. Den Auflauf mit Pecorino, Sonnenblumenkernen und Paprika bestreuen, auf dem Rost in den Backofen schieben.

Ober-/Unterhitze: 180–200 °C (vorgeheizt)
Heißluft: 160–180 °C (nicht vorgeheizt)
Gas: Stufe 3–4 (vorgeheizt)
Backzeit: etwa 45 Minuten.

Tipp:
Dazu kleine gebratene Schweinefilets reichen.

1 PCK. (450 g) TK-BLATT-
SPINAT

3 BRÖTCHEN

375 ml (³/₈ l) MILCH

75 g DURCHWACHSENER
SPECK

1 ZWIEBEL

3 EIGELB

SALZ

FRISCH GEMAHLENER
PFEFFER

GERIEBENE MUSKATNUSS

3 EIWEISS

BUTTER ZUM AUSFETTEN

3 EL GERIEBENER KÄSE

40 g BUTTER

BÄCKERS SPINATAUFLAUF

1. Den Spinat bei Zimmertemperatur auftauen lassen. Die Brötchen in der Milch einweichen und gut ausdrücken. Den Speck in Würfel schneiden, auslassen. Die Zwiebel abziehen, würfeln, mit dem Speck andünsten, zur Brötchenmasse geben.

2. Den Spinat mit dem Eigelb zu der Speck-Brötchen-Masse geben, gut verrühren, würzen. Das Eiweiß steif schlagen und unterheben.

3. Die Masse in eine mit Butter gefettete Auflaufform füllen, mit dem Käse bestreuen. Die Butter in Flöckchen darauf setzen.

4. Die Form auf dem Rost in den Backofen schieben.

Ober-/Unterhitze: etwa 200 °C (vorgeheizt)
Heißluft: etwa 180 °C (vorgeheizt)
Gas: etwa Stufe 4 (vorgeheizt)
Backzeit: etwa 25–30 Minuten.

DIE ZUTATEN:

200 g NATURREIS

500 ml (¹⁄₂ l) SALZ-
WASSER

500 g BROCCOLI

500 g BLUMENKOHL
(VORBEREITET GEWOGEN)

SALZWASSER

2 TOMATEN

1 BUND PETERSILIE

50 g BUTTER

SALZ

FRISCH GEMAHLENER
PFEFFER

MUSKATNUSS

40 g WEIZENMEHL

125 ml (¹⁄₈ l)
SCHLAGSAHNE

75 g GERASPELTER,
MITTELALTER GOUDA

1 EL MANDELBLÄTTCHEN

BROCCOLI-BLUMENKOHL-GRATIN

1. Den Naturreis in das kochende Salzwasser geben, etwa 40 Minuten schwach kochen lassen. Den Broccoli und Blumenkohl waschen, putzen und in Röschen zerteilen. Beide Gemüse in einem großen Topf mit kochendem Salzwasser etwa 5 Minuten kochen, abgießen und 375 ml (³⁄₈ l) des Kochwassers auffangen.

2. Die Tomaten vierteln, die Kerne und die Stängelansätze entfernen, die Tomaten in Würfel schneiden. Die Petersilie waschen, hacken und zusammen mit 10 g Butter und den Tomaten unter den Reis mischen. Mit Salz und Pfeffer und etwas Muskat abschmecken.

3. Eine feuerfeste Gratinform einfetten. Den Reis in die Gratinform geben, das Gemüse darüber geben. Die restliche Butter zerlassen, das Mehl zugeben, hell anschwitzen, das Gemüsekochwasser zugeben, mit einem Schneebesen durchschlagen.

4. Die Sahne und den Käse unterrühren. Die Sauce mit Salz, Pfeffer und Muskat kräftig abschmecken. Die Sauce über das Gemüse-Gratin geben, mit den Mandelblättchen bestreuen. Die Form auf dem Rost in den Backofen schieben.

Ober-/Unterhitze: etwa 220 °C (vorgeheizt)
Heißluft: etwa 200 °C (vorgeheizt)
Gas: Stufe 5 (vorgeheizt)
Backzeit: 15–20 Minuten.

STAUDENSELLERIE-GRATIN

1. Den Knoblauch und Zwiebeln abziehen und fein würfeln. Butter zerlassen, Zwiebel- und Knoblauchwürfel darin weich dünsten lassen, Wein hinzugießen und etwas einkochen lassen.

2. Die Tomaten waschen, Stängelansätze herausschneiden, Tomaten klein schneiden, zu der Zwiebel-Knoblauch-Masse geben, mit Salz und Pfeffer würzen. Den Staudensellerie putzen, einzelne Stangen von der Staude lösen, harte Außenfäden abziehen, Stangen waschen, in Stücke schneiden.

3. Die Selleriestücke 1–2 Minuten in kochendem Salzwasser blanchieren, abgetropft in eine gefettete Gratinform geben. Tomatensauce darüber gießen und mit Parmesan bestreuen. Die Form auf dem Rost in den Backofen schieben.

Ober-/Unterhitze: etwa 200 °C (vorgeheizt)
Heißluft: etwa 180 °C (vorgeheizt)
Gas: etwa Stufe 4 (vorgeheizt)
Backzeit: etwa 20 Minuten.

DIE ZUTATEN:

3 KNOBLAUCHZEHEN
2 ZWIEBELN
1 EL BUTTER
125 ml (⅛ l) WEISSWEIN
2 FLEISCHTOMATEN
SALZ
FRISCH GEMAHLENER
PFEFFER
1 STAUDE STAUDEN-
SELLERIE (600 g)
50 g GERIEBENER
PARMESAN

DIE ZUTATEN:

600 g ZUCCHINI

250 g ROTE PAPRIKA-
SCHOTEN

300 g CHAMPIGNONS

1 TL BUTTER

1 TOPF BASILIKUM

4 EIER

4 EL MILCH

150 g (1 BECHER) CRÈME
FRAÎCHE

SALZ

FRISCH GEMAHLENER
PFEFFER

GERIEBENE MUSKATNUSS

2 ZERDRÜCKTE KNOB-
LAUCHZEHEN

100 g GERIEBENER
MITTELALTER GOUDA

ZUCCHINI-CHAMPIGNON-AUFLAUF *(FOTO)*

1. Die Zucchini waschen, abtrocknen, die Enden abschneiden, längs in ½ cm dicke Scheiben schneiden. Die Paprikaschoten halbieren, entstielen, entkernen, die weißen Scheidewände entfernen, die Schoten waschen, in dünne Streifen schneiden.

2. Champignons trocken abreiben, evtl. abspülen, trockentupfen, in dicke Scheiben schneiden. Die Butter in einer Pfanne zerlassen, die Champignon- und Zucchinischeiben kurz darin andünsten. Die Paprikastreifen 1–2 Minuten in kochendem Salzwasser blanchieren und abtropfen lassen.

3. Die Basilikumblättchen abspülen, trockentupfen, in feine Streifen schneiden. In eine ovale gefettete Auflaufform abwechselnd Champignon- und Zucchinischeiben und Paprikastreifen einschichten.

4. Die Eier mit Milch und Crème fraîche verrühren, mit Salz, Pfeffer, Muskat und Knoblauch würzen. Die Eiermilch über das Gemüse geben, Gouda darüber streuen und den Auflauf auf dem Rost in den Backofen schieben.

Ober-/Unterhitze: etwa 200 °C (vorgeheizt)
Heißluft: etwa 180 °C (nicht vorgeheizt)
Gas: Stufe 4 (vorgeheizt)
Backzeit: 30–40 Minuten.

DIE ZUTATEN:

500 g ENTHÄUTETE
TOMATEN

500 g AUBERGINEN

SALZ

3–4 EL SPEISEÖL

2 ZWIEBELN

500 g GEHACKTES LAMM-
ODER RINDFLEISCH

SALZ

FRISCH GEMAHLENER
PFEFFER

PAPRIKA EDELSÜSS

GEREBELTER THYMIAN

GEREBELTER ROSMARIN

1 BECHER (150 g)
JOGHURT

3 EIER

1 EL WEIZENMEHL

AUBERGINENAUFLAUF

1. Von den Tomaten die Stängelansätze herausschneiden. Die Tomaten in Scheiben schneiden. Von den Auberginen die Stängelansätze entfernen. Die Auberginen waschen und in ½ cm dicke Scheiben schneiden, mit Salz bestreuen, etwa 30 Minuten ziehen lassen, danach trockentupfen.

2. Das Speiseöl erhitzen, die Auberginenscheiben darin von beiden Seiten hellgelb anbraten, herausnehmen. Die Zwiebeln abziehen, würfeln, in das Bratfett geben und anbraten. Das Hackfleisch hinzufügen, anbraten, die Fleischklümpchen mit einer Gabel zerdrücken. Mit Salz, Pfeffer, Paprika, Thymian und Rosmarin würzen, gar braten lassen.

3. Das Gemüse mit dem Fleisch lagenweise in eine gefettete Auflaufform schichten. Jede Schicht mit den Gewürzen bestreuen. Die Form auf dem Rost in den Backofen schieben.

Ober-/Unterhitze: etwa 220 °C (vorgeheizt)
Heißluft: etwa 200 °C (nicht vorgeheizt)
Gas: etwa Stufe 5 (vorgeheizt)
Backzeit: etwa 45 Minuten.

4. Den Joghurt mit den Eiern und dem Weizenmehl verrühren, mit Salz würzen und nach 30 Minuten Backzeit über den Auflauf gießen und zu Ende backen.

NUDEL-
AUFLÄUFE

*SCHARFER NUDEL-
AUFLAUF, REZEPT
SEITE 50*

400 g ROHR- ODER PENNENUDELN
1 EL SPEISEÖL
2 FLEISCHTOMATEN
1 GEMÜSEZWIEBEL
1 ROTE PEPERONI
1 GRÜNE PEPERONI
1 BUND BASILIKUM
20 g BUTTER
SALZ, PFEFFER
ETWAS TABASCO
150 g SAURE SAHNE
200 ml SCHLAGSAHNE
2 EIERN
GERIEBENE MUSKATNUSS
60 g GERIEBENER PARMESAN
30 g BUTTERFLÖCKCHEN

SCHARFER NUDELAUFLAUF

(FOTO SEITE 48/49)

1. Die Nudeln in kochendem Salzwasser mit Öl nach Packungsanleitung bissfest garen, abgießen, auf ein Sieb geben und abtropfen lassen.

2. Die Fleischtomaten kurze Zeit in kochendes Wasser legen (nicht kochen lassen), in kaltem Wasser abschrecken, enthäuten, die Stängelansätze herausschneiden, die Tomaten würfeln. Die Gemüsezwiebel abziehen, halbieren, in Scheiben schneiden.

3. Die Peperoni längs halbieren, entkernen, die weißen Scheidewände entfernen, in sehr feine Streifen schneiden. Das Basilikum abspülen, trockentupfen, die Blättchen von den Stängeln zupfen, in Streifen schneiden (einige zum Garnieren zurücklassen).

4. Die Butter zerlassen, Zwiebelscheiben und Peperonistreifen darin andünsten, mit Salz, Pfeffer und Tabasco würzen. Die saure Sahne mit Schlagsahne und den Eiern verrühren, mit Salz, Pfeffer und Muskat würzen.

5. Die Nudeln, Tomaten, Zwiebeln, Peperoni und Basilikum vermischen, in eine gebutterte Auflaufform geben, mit der Eiersahne übergießen und mit Parmesan und Butterflöckchen bestreuen. Die Form auf dem Rost in den Backofen schieben.

Ober-/Unterhitze: etwa 180 °C (vorgeheizt)
Heißluft: etwa 160 °C (nicht vorgeheizt)
Gas: etwa Stufe 3 (vorgeheizt)
Backzeit: 30–40 Minuten.

250 g SPAGHETTI
1 EL SPEISEÖL
200 g TK-MUSCHELN (OHNE SCHALE)
200 g LACHSFILET
150 g GRÜNER SPARGEL
1 BUND GLATTE PETERSILIE
OLIVENÖL
SALZ, PFEFFER
2–3 EL ZITRONENSAFT
400 ml SCHLAGSAHNE
3 EIER
2 EL PARMESAN
4 EL GERIEBENES WEISS-BROT
40 g BUTTERFLÖCKCHEN

MARITIMER SPAGHETTI-AUFLAUF *(FOTO)*

1. Die Nudeln in kochendem Salzwasser mit Öl nach Packungsanleitung bissfest garen, abgießen, auf ein Sieb geben und abtropfen lassen.

2. Muscheln auftauen lassen. Das Lachsfilet kalt abspülen, in Würfel schneiden. Den Spargel waschen, untere holzige Enden abschneiden, in Salzwasser etwa 4 Minuten kochen und auf ein Sieb geben.

3. Petersilie abspülen, trockentupfen, die Blättchen fein hacken.

4. Spaghetti, Lachswürfel, Muscheln, Spargel und Petersilie gut mischen, in eine mit Öl ausgepinselte Auflaufform füllen, mit Salz, Pfeffer und Zitronensaft würzen.

5. Sahne mit Eiern verquirlen, mit Salz und Pfeffer würzen und über den Auflauf gießen. Geriebenen Parmesan und Weißbrot vermischen, darüber streuen, mit Butterflöckchen bestreuen und auf dem Rost in den Backofen schieben.

Ober-/Unterhitze: etwa 180 °C (vorgeheizt)
Heißluft: etwa 160 °C (nicht vorgeheizt)
Gas: etwa Stufe 3 (vorgeheizt)
Backzeit: etwa 30 Minuten.

500 g RADICCHIO
SALZ
FRISCH GEMAHLENER
PFEFFER
250 ml (¼ l) SCHLAG-
SAHNE
250 g BANDNUDELN
1 EL SPEISEÖL
40 g ZERLASSENE BUTTER
150 g GEKOCHTER
SCHINKEN IN SCHEIBEN
150 g GERIEBENER
PARMESAN

RADICCHIO-NUDEL-AUFLAUF

1. Vom Radicchio die Wurzelenden abschneiden und die welken Blätter entfernen. Radicchioköpfe achteln, waschen, gut abtropfen lassen, in eine gefettete Auflaufform legen.

2. Mit Salz und Pfeffer bestreuen, Sahne darüber gießen und die Form zugedeckt auf dem Rost in den Backofen schieben.

Ober-/Unterhitze: etwa 220 °C (vorgeheizt)
Heißluft: etwa 200 °C (nicht vorgeheizt)
Gas: etwa Stufe 5 (vorgeheizt)
Backzeit: etwa 35 Minuten.

3. Die Nudeln in kochendem Salzwasser mit Öl nach Packungsanleitung bissfest garen, abgießen, auf ein Sieb geben, abtropfen lassen und in Butter schwenken.

4. Die Schinkenscheiben in Streifen schneiden. Nach 15 Minuten Backzeit die Nudeln, Schinkenstreifen und Käse mit dem Radicchio vermengen. Die Form wieder in den Backofen schieben und ohne Deckel zu Ende garen.

PIKANTER NUDELAUFLAUF

1. Die Nudeln in kochendem Salzwasser mit Öl nach Packungsanleitung bissfest garen, abgießen, auf ein Sieb geben und abtropfen lassen.

2. Den Gouda und Salami oder Schinkenspeck in kleine Würfel schneiden. Die Tomaten kurze Zeit in kochendes Wasser legen (nicht kochen lassen), in kaltem Wasser abschrecken, enthäuten, Stängelansätze herausschneiden, Tomaten halbieren, Kerne entfernen, Fruchtfleisch in mundgerechte Stücke schneiden.

3. Die Tomaten zusammen mit Nudeln, Käse und Salami in eine gefettete Auflaufform schichten.

4. Die Eier mit Sahne oder Milch verquirlen, mit Salz, Pfeffer und Muskat würzen, die Mischung über die Nudeln gießen, mit einem Deckel abdecken, Form auf dem Rost in den Backofen schieben.

Ober-/Unterhitze: etwa 200 °C (vorgeheizt)
Heißluft: etwa 180 °C (nicht vorgeheizt)
Gas: etwa Stufe 4 (vorgeheizt)
Backzeit: 30–40 Minuten.

5. Den Auflauf etwa 15 Minuten vor Beendigung der Backzeit ohne Deckel garen, damit er Farbe annimmt.

6. Vor dem Servieren mit Petersilie bestreuen.

Tipp:
Statt Salami oder Schinkenspeck können auch Reste von Schweinebraten oder Schinken verwendet werden. Der Auflauf schmeckt dann allerdings nicht so pikant.

DIE ZUTATEN:

250 g RÖHREN- ODER BANDNUDELN
1 EL SPEISEÖL
200 g GOUDA
100 g SALAMI ODER MAGERER SCHINKEN-SPECK
3 TOMATEN
3 EIER
125 ml (⅛ l) SCHLAG-SAHNE ODER MILCH
SALZ
FRISCH GEMAHLENER PFEFFER
GERIEBENE MUSKATNUSS
2 EL FEIN GEHACKTE PETERSILIE

**250 g GETROCKNETE
TORTELLINI (MIT KÄSE-
FÜLLUNG)
1 EL SPEISEÖL
1 BUND FRÜHLINGS-
ZWIEBELN
1 BUND SALBEI
150 g PARMASCHINKEN
4 TOMATEN (250 g)
3 EL OLIVENÖL
SALZ, PFEFFER
1 ZERDRÜCKTE KNOB-
LAUCHZEHE
1 FENCHELKNOLLE (200 g)
2 EIER
200 ml SCHLAGSAHNE
150 g SAURER SAHNE
30 g BUTTERFLÖCKCHEN
30 g PARMESAN**

TORTELLINIAUFLAUF MIT SALBEI UND PARMASCHINKEN *(FOTO)*

1. Die Nudeln in kochendem Salzwasser mit Öl nach Packungsanleitung bissfest garen, abgießen, auf ein Sieb geben und abtropfen lassen.

2. Die Frühlingszwiebeln putzen, waschen, in feine Ringe schneiden. Den Salbei abspülen, trockentupfen, die Blättchen von den Stängeln zupfen.

3. Den Parmaschinken in Würfel schneiden. Die Tomaten kurze Zeit in kochendes Wasser legen (nicht kochen lassen), mit kaltem Wasser abschrecken, enthäuten, die Stängelansätze herausschneiden, die Tomaten in Würfel schneiden.

4. Das Olivenöl erhitzen, das Gemüse, Salbei und die Schinkenwürfel darin anbraten, mit Salz, Pfeffer und Knoblauch würzen. Die Fenchelknolle halbieren, das Grün beiseite legen, in Scheiben schneiden, in etwas Salzwasser etwa 5 Minuten garen, alle Zutaten mischen und in eine gebutterte Auflaufform geben.

5. Die Eier mit Schlagsahne und saurer Sahne verquirlen, mit Salz, Pfeffer abschmecken. Die Eiersahne über den Auflauf gießen, mit Butterflöckchen und Parmesan bestreuen und auf dem Rost in den Backofen schieben.

Ober-/Unterhitze: etwa 200 °C (vorgeheizt)
Heißluft: etwa 180 °C (vorgeheizt)
Gas: etwa Stufe 4 (vorgeheizt)
Backzeit: etwa 25 Minuten.

**500 g MAKKARONI
1 EL SPEISEÖL
200 g CHAMPIGNONS
200 g GEKOCHTER
SCHINKEN
200 ml SCHLAGSAHNE
100 ml MILCH
5 EIER, SALZ, PFEFFER
1 ABGEZOGENE, ZER-
DRÜCKTE KNOBLAUCHZEHE
1 EL FEIN GEHACKTE
PETERSILIE
1 EL GEHACKTES
BASILIKUM
1 EL GERIEBENER
PARMESAN
6 EL TOMATENWÜRFEL**

MAKKARONIAUFLAUF, GESCHICHTET *(5–6 PORTIONEN)*

1. Die Nudeln in kochendem Salzwasser mit Öl nach Packungsanleitung bissfest garen, abgießen, auf ein Sieb geben und abtropfen lassen.

2. Champignons putzen, mit Küchenpapier abreiben, evtl. abspülen. Die Champignons und Schinken fein würfeln. Sahne mit Milch und Eiern verquirlen, Champignons und Schinken hinzufügen, mit Salz, Pfeffer, Knoblauch würzen.

3. Eine Kastenform einfetten, Nudeln in die Form geben, das Champignon-Schinkengemisch darüber verteilen, Petersilie und Basilikum darüber streuen. Die Form auf dem Rost in den Backofen schieben.

Ober-/Unterhitze: etwa 180 °C (vorgeheizt)
Heißluft: etwa 160 °C (nicht vorgeheizt)
Gas: etwa Stufe 3 (vorgeheizt)
Backzeit: etwa 45 Minuten.

4. Etwa 10 Minuten vor Ende der Backzeit den Auflauf mit Parmesan bestreuen und bräunen lassen. Jede Portion mit Tomatenwürfeln servieren.

DIE ZUTATEN:

1 ABGEZOGENE KNOB-
LAUCHZEHE
1 GROSSE ZWIEBEL
1 EL SPEISEÖL
250 g GEHACKTES (HALB
RIND-, HALB SCHWEINE-
FLEISCH)
3 EL TOMATENMARK
SALZ, PFEFFER
GEREBELTER ROSMARIN
GEREBELTER OREGANO
GEREBELTER THYMIAN
250 ml (¼ l) FLEISCH-
BRÜHE
1 BECHER (150 g) CRÈME
FRAÎCHE
125 ml (⅛ l) MILCH
40 g GERIEBENER
PARMESAN
250 g LASAGNE-NUDELN
40 g BUTTER

LASAGNE AL FORNO

1. Einen Topf mit der Knoblauchzehe ausreiben. Die Zwiebel abziehen, würfeln. Das Speiseöl in dem Topf erhitzen, die Zwiebelwürfel darin glasig dünsten lassen. Das Gehackte hinzufügen und darin anbraten.

2. Das Tomatenmark unterrühren, durchschmoren lassen, mit Salz und Pfeffer, Rosmarin, Oregano und Thymian würzen, die Brühe hinzugießen, einige Minuten kochen lassen. Die Crème fraîche mit Milch und Parmesan verrühren.

3. Die Nudeln abwechselnd lagenweise mit der Hackfleischmasse und der Sauce in eine gefettete feuerfeste Form füllen. Die oberste Schicht sollte aus Sauce bestehen (Nudeln müssen bedeckt sein). Die Butter in Flöckchen darauf setzen. Die Auflauf-form auf dem Rost in den Backofen schieben.

Ober-/Unterhitze: 200–220 °C (vorgeheizt)
Heißluft: 180–200 °C (nicht vorgeheizt)
Gas: Stufe 4–5 (vorgeheizt)
Backzeit: etwa 35 Minuten.

Beigabe: Tomatensalat.

Tipp:
Mit der Hackfleischmasse 4-5 abgezogene, in Scheiben geschnittene Tomaten einschichten.

CANNELLONI AUF BLATTSPINAT

1. Das Öl erhitzen, die Zwiebel und Knoblauchzehe abziehen, fein würfeln und darin andünsten. Den Blattspinat unaufgetaut hinzufügen, etwas Wasser hinzugießen, etwa 15 Minuten dünsten lassen und mit Salz, Pfeffer und Muskat würzen. Den Spinat abtropfen lassen und in eine gefettete Auflaufform füllen.

2. Für die Sauce die Butter zerlassen und das Mehl unter Rühren so lange darin erhitzen, bis es hellgelb ist. Milch und Sahne hinzugießen, mit einem Schneebesen durchschlagen, zum Kochen bringen, etwa 2 Minuten kochen lassen und mit Salz und Pfeffer würzen.

3. Etwa $\frac{1}{3}$ der Sauce herausnehmen und mit der Hälfte des Parmesans verrühren. Die restliche Sahnesauce beiseite stellen, die Hälfte der Käsesauce über den Spinat geben, die andere Hälfte (am besten mit Hilfe eines Spritzbeutels) in die Cannelloni füllen.

4. Die gefüllten Cannelloni auf den Spinat legen und mit der restlichen Sahnesauce übergießen, mit dem restlichen Parmesan bestreuen. Die Butter in Flöckchen darauf setzen und die Form auf dem Rost in den Backofen schieben.

Ober-/Unterhitze: etwa 220 °C (vorgeheizt)
Heißluft: etwa 200 °C (vorgeheizt)
Gas: etwa Stufe 5 (vorgeheizt)
Backzeit: 20–30 Minuten.

Beigabe: Tomatensalat.

DIE ZUTATEN:

1 EL SPEISEÖL
1 ZWIEBEL
1 KNOBLAUCHZEHE
600 g TK-BLATTSPINAT
SALZ
FRISCH GEMAHLENER PFEFFER
GERIEBENE MUSKATNUSS

FÜR DIE SAUCE:
40 g BUTTER
40 g WEIZENMEHL
375 ml (³/₈ l) MILCH
125 ml (¹/₈ l) SCHLAG-SAHNE
120 g GERIEBENER PARMESAN
ETWA 125 g CANNELLONI
BUTTER IN FLÖCKCHEN

2 EL SPEISEÖL
400 g RINDERHACK-
FLEISCH
2 ZWIEBELN
SALZ
FRISCH GEMAHLENER
PFEFFER
250 g BANDNUDELN
1 EL SPEISEÖL
500 g BROCCOLI
250 ml (¼ l) HÜHNER-
BRÜHE
3 TOMATEN
2–3 EL GERIEBENER,
MITTELALTER GOUDA
40 g BUTTER

BADISCHER NUDELTRAUM

(FOTO)

1. Speiseöl erhitzen, Rinderhackfleisch hinzufügen, unter ständigem Rühren darin anbraten, dabei die Fleischklümpchen mit einer Gabel zerdrücken.

2. Zwiebeln abziehen, fein würfeln, zum Fleisch geben, 2–3 Minuten mitbraten, würzen. Die Nudeln in kochendem Salzwasser mit Öl nach Packungsanleitung bissfest garen, abgießen, auf ein Sieb geben und abtropfen lassen.

3. Vom Broccoli die Blätter und dicken Stiele entfernen, den Broccoli waschen, abtropfen lassen, in Röschen teilen, die Röschen halbieren. Hühnerbrühe zum Kochen bringen, den Broccoli 5 Minuten darin garen, auf ein Sieb geben, abtropfen lassen, die Brühe auffangen.

4. Tomaten kurze Zeit in kochendes Wasser legen (nicht kochen lassen), in kaltem Wasser abschrecken, enthäuten, die Stängelansätze herausschneiden und in Scheiben schneiden.

5. Fleisch und ⅔ der Nudeln in eine gefettete Auflaufform füllen, darauf Broccoliröschen und Tomatenscheiben geben, mit Salz, Pfeffer würzen, Brühe dazugießen, die restlichen Nudeln darauf geben. Den Auflauf mit Gouda und Butterflocken bestreuen, die Form auf dem Rost in den Backofen schieben.

Ober-/Unterhitze: etwa 200 °C (vorgeheizt)
Heißluft: etwa 180 °C (vorgeheizt)
Gas: etwa Stufe 4 (vorgeheizt)
Backzeit: etwa 25 Minuten.

250 g SPIRALNUDELN
1 EL SPEISEÖL
150 g MÖHREN
1 GROSSE ZWIEBEL
1 EL BUTTER
150 g TK-ERBSEN
250 g GEKOCHTER
SCHINKEN, IN DICKEREN
SCHEIBEN
250 g MAGERQUARK
1 BECHER (150 g) CRÈME
FRAÎCHE, 2 EIER
SALZ, PFEFFER
1 TL GEREBELTER THYMIAN
FETT FÜR DIE FORM

SPIRALNUDELAUFLAUF

1. Die Nudeln in kochendem Salzwasser mit Öl nach Packungsanleitung bissfest garen, abgießen, auf ein Sieb geben und abtropfen lassen.

2. Die Möhren putzen, schälen und waschen. Die Zwiebel abziehen. Beides in kleine Würfel schneiden und in zerlassener Butter andünsten.

3. Die Erbsen in kochendem Salzwasser kurz blanchieren, eiskalt abschrecken, und gut abtropfen lassen. Den Schinken in kleine Würfel schneiden.

4. Eine flache Auflaufform einfetten. Magerquark mit Crème fraîche und Eiern verrühren. Kräftig mit Salz, Pfeffer und Thymian würzen. Alle Zutaten damit vermengen, in die Auflaufform füllen. Das Gratin auf dem Rost in den Backofen schieben.

Ober-/Unterhitze: etwa 180 °C (vorgeheizt)
Heißluft: etwa 160 °C (nicht vorgeheizt)
Gas: etwa Stufe 3 (vorgeheizt)
Backzeit: etwa 35 Minuten.

DIE ZUTATEN:

250 g MAKKARONI

1 EL SPEISEÖL

2 ZWIEBELN

1 KNOBLAUCHZEHE

1 GRÜNE PAPRIKASCHOTE

2 MÖHREN (200 g)

1 EL BUTTER

200 g KOCHSCHINKEN

1 BECHER (150 g)
CRÈME FRAÎCHE

2 EIER

SALZ

FRISCH GEMAHLENER
PFEFFER

100 g GERIEBENER
EMMENTALER

BUNTER NUDELAUFLAUF

1. Die Nudeln in kochendem Salzwasser mit Öl nach Packungsanleitung bissfest garen, abgießen, auf ein Sieb geben und abtropfen lassen.

2. Die Zwiebeln, Knoblauchzehe abziehen und würfeln. Paprikaschote putzen, waschen, die weißen Scheidewände entfernen. Die Paprika waschen, in Streifen schneiden. Die Möhren putzen, schälen, waschen und in Scheiben schneiden.

3. Die Butter zerlassen und die 4 Zutaten etwa 6 Minuten darin dünsten.

4. Den Schinken in Streifen schneiden. Die Zutaten mit Crème fraîche und Eiern vermengen, mit Salz und Pfeffer würzen, in eine gefettete Auflaufform geben, mit geriebenem Käse bestreuen und auf dem Rost in den Backofen schieben.

Ober/Unterhitze: 200–220 °C (vorgeheizt)
Heißluft: 180–200 °C (nicht vorgeheizt)
Gas: Stufe 4–5 (vorgeheizt)
Backzeit: etwa 30 Minuten.

BANDNUDELAUFLAUF MIT KRÄUTERN *(3 PORTIONEN)*

1. Die Nudeln in kochendem Salzwasser mit Öl nach Packungsanleitung bissfest garen, abgießen, auf ein Sieb geben und abtropfen lassen.

2. Die Sahne mit Eiern und Kräutern verrühren, mit Salz, Pfeffer und Muskat würzen.

3. Eine flache Auflaufform einfetten, mit den Nudeln füllen und das Sahne-Eier-Gemisch darüber gießen. Die Form auf dem Rost in den Backofen schieben.

Ober-/Unterhitze: etwa 180 °C (vorgeheizt)
Heißluft: etwa 160 °C (nicht vorgeheizt)
Gas: etwa Stufe 3 (vorgeheizt)
Backzeit: etwa 45 Minuten.

4. Vor dem Servieren mit gebratenen Speckscheiben garnieren.

DIE ZUTATEN:

250 g BANDNUDELN
1 EL SPEISEÖL
200 ml SCHLAGSAHNE
4 EIER
4 EL GEMISCHTE, GEHACKTE KRÄUTER (Z. B. PETERSILIE, BASILIKUM, THYMIAN)
SALZ
FRISCH GEMAHLENER PFEFFER
GERIEBENE MUSKATNUSS
ETWAS BUTTER ZUM AUSFETTEN DER FORM
4 SCHEIBEN DURCH-WACHSENER SPECK

DIE ZUTATEN:

2 PCK. (à 300 g)
TK-BLATTSPINAT
SPEISEÖL
9 LASAGNEBLÄTTER
(OHNE VORKOCHEN)
2 PCK. (à 100 g) FRÜH-
STÜCKSSPECK
SALZ
2–3 BECHER (à 150 g)
CRÈME FRAÎCHE
1 PCK. (125 g)
MOZZARELLA

SPINATLASAGNE *(FOTO)*

1. Spinat auftauen lassen.

2. Eine Auflaufform mit Öl ausstreichen und mit 3 Lasagneblättern auslegen.

3. Frühstücksspeck in dünne Streifen schneiden und in etwas Öl andünsten. Aufgetauten Spinat dazugeben, kurz mitdünsten und salzen.

4. Die Speck-Spinat-Masse in 3 Portionen teilen, eine davon auf die Lasagneblätter geben, 3 Esslöffel Crème fraîche darauf verstreichen.

5. Darauf wieder 3 Lasagneblätter legen, eine Portion Speck-Spinat-Masse und 3 Esslöffel Crème fraîche. Das Ganze noch einmal wiederholen. Mozzarella abtropfen lassen, in dünne Scheiben schneiden und auf den Auflauf legen. Die Form auf dem Rost in den Backofen schieben.

Ober-/Unterhitze: 180–200 °C (vorgeheizt)
Heißluft: 160–180 °C (vorgeheizt)
Gas: Stufe 3–4 (vorgeheizt)
Backzeit: 25–30 Minuten.

DIE ZUTATEN:

250 g GRÜNE BAND-
NUDELN
1 EL SPEISEÖL
2 GROSSE ZWIEBELN
1 KNOBLAUCHZEHE
2 EL OLIVENÖL
375 g GEHACKTES (HALB
RIND-, HALB SCHWEINE-
FLEISCH)
SALZ, PFEFFER
GERIEBENE MUSKATNUSS
1 GROSSE DOSE (140 g)
TOMATENMARK
125 ml (⅛ l) ROTWEIN
125 ml (⅛ l) BRÜHE
1 LORBEERBLATT
1 TL KRÄUTER DER
PROVENÇE
100 g ALLGÄUER EMMEN-
TALER

ALLGÄUER NUDELGRATIN

1. Die Nudeln in kochendem Salzwasser mit Öl nach Packungsanleitung bissfest garen, abgießen, auf ein Sieb geben und abtropfen lassen.

2. Zwiebeln und Knoblauch abziehen und sehr fein würfeln. Das Öl in einer Pfanne erhitzen und die Zwiebeln und den Knoblauch so lange darin andünsten, bis die Zwiebelwürfel glasig sind.

3. Das Hackfleisch hinzufügen und unter Wenden scharf anbraten. Mit Salz, Pfeffer und Muskat würzen, dann das Tomatenmark untermischen.

4. Mit Rotwein und Brühe ablöschen. Lorbeerblatt und Kräuter der Provençe dazugeben und das Ganze zugedeckt etwa 10 Minuten köcheln lassen. Dabei gelegentlich umrühren.

5. Die Nudeln in eine gefettete Auflaufform geben. Das Lorbeerblatt aus der Hackfleischmischung entfernen und das Hackfleisch auf den Nudeln verteilen.

6. Den Käse grob reiben und über den Auflauf streuen. Die Form auf dem Rost in den Backofen schieben.

Ober-/Unterhitze: etwa 220 °C (vorgeheizt)
Heißluft: etwa 200 °C (vorgeheizt)
Gas: etwa Stufe 5 (vorgeheizt)
Backzeit: etwa 15 Minuten.

DIE ZUTATEN:

**400 g GRÜNE BAND-
NUDELN**

1 EL SPEISEÖL

1 BUND BASILIKUM

200 g GORGONZOLA-KÄSE

**100 g GEMAHLENE HASEL-
NUSSKERNE**

200 ml SCHLAGSAHNE

**200 g RICOTTA ODER
SAHNEQUARK**

PFEFFER

2 EL WEINBRAND

SALZ

750 g KLEINE ZUCCHINI

50 g SEMMELBRÖSEL

30 g BUTTERFLÖCKCHEN

ZUCCHINI-NUDEL-AUFLAUF

1. Die Nudeln in kochendem Salzwasser mit Öl nach Packungsanleitung bissfest garen, abgießen, auf ein Sieb geben und abtropfen lassen. Die Basilikumblätter abspülen, trockentupfen und in Streifen schneiden.

2. Den Gorgonzola, Nüsse, Sahne, Ricotta oder Sahnequark, Pfeffer und Weinbrand cremig rühren und mit Salz abschmecken. Die Zucchini waschen, mit Küchenpapier trockentupfen, die Enden abschneiden, Zucchini raspeln.

3. In eine gefettete Auflaufform jeweils ein Drittel der Nudeln, Zucchini, Basilikumstreifen und der Käsecreme schichten. Den Vorgang zweimal wiederholen. Die oberste Schicht Käsecreme mit Semmelbröseln bestreuen und mit Butterflöckchen belegen. Die Form auf dem Rost in den Backofen schieben.

Ober-/Unterhitze: etwa 200 °C (vorgeheizt)
Heißluft: etwa 180 °C (nicht vorgeheizt)
Gas: etwa Stufe 4 (vorgeheizt)
Backzeit: etwa 50 Minuten.

QUARK-NUDEL-AUFLAUF

1. Die Nudeln in kochendem Salzwasser mit Öl nach Packungsanleitung bissfest garen, abgießen, auf ein Sieb geben und abtropfen lassen.

2. Den Quark mit Crème fraîche, Eiern, Kümmel und Schnittlauch verrühren, mit Salz und Pfeffer würzen.

3. Die Mettwürstchen waschen, abtrocknen, in Scheiben schneiden, mit den Spaghetti unter die Quarkmasse heben und in eine gefettete, feuerfeste Form füllen.

4. Den Speck auf die Quark-Spaghetti-Masse geben und die Form auf dem Rost in den Backofen schieben.

Ober-/Unterhitze: etwa 200 °C (vorgeheizt)
Heißluft: etwa 180 °C (nicht vorgeheizt)
Gas: etwa Stufe 4 (vorgeheizt)
Backzeit: etwa 45 Minuten.

DIE ZUTATEN:

250 g SPAGHETTI
1 EL SPEISEÖL
250 g MAGERQUARK
1 BECHER (150 g)
CRÈME FRAÎCHE
3 EIER
1 TL KÜMMELPULVER
2 EL FEIN GESCHNITTENER
SCHNITTLAUCH
SALZ, PFEFFER
2 GERÄUCHERTE METT-
WÜRSTCHEN
50 g DURCHWACHSENER
SPECK, IN DÜNNEN
SCHEIBEN

KARTOFFEL-AUFLÄUFE

*KARTOFFELGRATIN
MIT BLATTSPINAT,
REZEPT SEITE 68*

DIE ZUTATEN:

750 g GEKOCHTE PELL-
KARTOFFELN
100 g BUTTER
750 g BLATTSPINAT
50 g DURCHWACHSENER
SPECK
1–2 ZWIEBELN
SALZ
FRISCH GEMAHLENER
PFEFFER
GERIEBENE MUSKATNUSS
125 ml (⅛ l) FLEISCH-
BRÜHE
75 g GERIEBENER KÄSE

KARTOFFELGRATIN MIT BLATTSPINAT *(FOTO SEITE 66/67)*

1. Die Kartoffeln heiß pellen, erkalten lassen und in etwa ½ cm dicke Scheiben schneiden. 25 g Butter zerlassen, Kartoffelscheiben darin kurz durchschwenken.

2. Den Blattspinat sorgfältig verlesen, gründlich waschen und gut abtropfen lassen. Den Speck in kleine Würfel schneiden und auslassen. Die Zwiebeln abziehen, fein würfeln, zu dem Speck geben und andünsten lassen. 25 g Butter hinzufügen, Spinat hinzufügen und zusammenfallen lassen und mit Salz, Pfeffer und Muskat würzen.

3. Abwechselnd Kartoffeln und Spinat in eine gefettete Gratinform schichten und die Brühe darüber gießen. Die restliche Butter zerlassen, den Auflauf damit beträufeln und mit Käse bestreuen. Die Form auf dem Rost in den Backofen schieben.

Ober-/Unterhitze: 200–220 °C (vorgeheizt)
Heißluft: 180–200 °C (vorgeheizt)
Gas: Stufe 4–5 (vorgeheizt)
Backzeit: etwa 25 Minuten.

DIE ZUTATEN:

600 g SCHWEINEHACK-
FLEISCH
2 ZWIEBELN
1,2 kg WEISSKOHL
200 g MÖHREN
80 g FRÜHSTÜCKSSPECK
(BACON)
SALZ
FRISCH GEMAHLENER
PFEFFER
1 TL KÜMMELSAMEN
1 EL GEMAHLENER PIMENT
800 g SCHUPFNUDELN
(FERTIGPRODUKT ODER
SELBSTGEMACHTE)
40 g BUTTER

SCHUPFNUDELAUFLAUF *(FOTO)*

1. Hackfleisch ohne Fett anbraten, dabei ständig rühren und das Fleisch mit einer Gabel etwas zerkrümeln.

2. Zwiebeln abziehen, in Würfel schneiden und mit dem Hackfleisch anbraten.

3. Weißkohl vierteln, den Strunk herausschneiden, die äußeren Blätter entfernen. Den Kohl abspülen. Weißkohl in etwa 2 cm lange Streifen schneiden und zu dem Fleisch geben.

4. Möhren putzen, schälen, waschen, in Scheiben schneiden. Frühstücksspeck in Streifen schneiden und beide Zutaten zum Fleisch geben. So lange braten, bis der Kohl glasig ist. Alles mit Salz, Pfeffer, Kümmel und Piment würzen.

5. Den Boden einer gefetteten Auflaufform mit einem Teil der Schupfnudeln bedecken. Die Hackfleisch-Kohl-Mischung darauf verteilen und etwas andrücken. Die restlichen Schupfnudeln über die Kohlmischung geben und mit Butter in Flöckchen belegen. Die Form auf dem Rost in den Backofen schieben.

Ober-/Unterhitze: etwa 200 °C (vorgeheizt)
Heißluft: etwa 180 °C (nicht vorgeheizt)
Gas: etwa Stufe 4 (vorgeheizt)
Backzeit: etwa 40 Minuten.

1 kg MEHLIGKOCHENDE
KARTOFFELN
SALZWASSER
75 g BUTTER
2 EIER
SALZ
FRISCH GEMAHLENER
PFEFFER
GERIEBENE MUSKATNUSS

Tipp:

Ein Gemüse-Champignon-
Ragout in die Mitte des
Kartoffelringes geben.
Das restliche Ragout
dazureichen.

ÜBERBACKENER
KARTOFFELRING

1. Die Kartoffeln schälen, waschen, in Würfel schneiden, in so viel Salzwasser zum Kochen bringen, dass die Kartoffeln bedeckt sind, etwa 15 Minuten kochen lassen, abgießen, abdämpfen, heiß durch die Kartoffelpresse drücken oder zerstampfen.

2. Die Butter und Eier unterrühren, mit Salz, Pfeffer, Muskat würzen, den Kartoffelbrei in einen Spritzbeutel mit großer Sterntülle füllen, einen Kartoffelring in eine gefettete Auflaufform spritzen. Die Form auf dem Rost in den Backofen schieben.

Ober-/Unterhitze: 200–220 °C (vorgeheizt)
Heißluft: 180–200 °C (vorgeheizt)
Gas: Stufe 4–5 (vorgeheizt)
Backzeit: etwa 15 Minuten.

KARTOFFELAUFLAUF MIT HACKFLEISCH UND PORREE

1. Die Kartoffeln waschen, in Salzwasser zum Kochen bringen, in 20–25 Minuten gar kochen lassen, abgießen, abdämpfen, heiß pellen, erkalten lassen, in Scheiben schneiden.

2. Den Porree putzen, das dunkle Grün bis auf etwa 10 cm entfernen, den Porree in Scheiben schneiden, gründlich waschen, in kochendes Salzwasser geben, zum Kochen bringen, 2–3 Minuten kochen, abtropfen lassen.

3. Die Zwiebeln und Knoblauch abziehen, fein würfeln. Das Speiseöl erhitzen, Zwiebel- und Knoblauchwürfel darin glasig dünsten lassen. Das Gehackte unter Rühren darin braun braten lassen, dabei die Fleischklümpchen zerdrücken. Das Hackfleisch mit Salz, Pfeffer, Cayennepfeffer würzen.

4. Die saure Sahne mit der gehackten Petersilie verrühren, mit Salz und Pfeffer würzen. Eine feuerfeste Form ausfetten, die Hälfte der Kartoffelscheiben und der Porreeringe einfüllen, mit Salz bestreuen.

5. Die Hälfte der Sahne darauf verteilen, die Hackfleischmasse darauf geben. Die restlichen Kartoffelscheiben und Porreeringe einfüllen, mit Salz bestreuen, mit der restlichen Sahne bedecken. Den geriebenen Käse darüber streuen. Die Butter in Flöckchen darauf setzen. Die Form auf dem Rost in den Backofen schieben.

Ober-/Unterhitze: etwa 200 °C (vorgeheizt)
Heißluft: etwa 180 °C (nicht vorgeheizt)
Gas: etwa Stufe 4 (vorgeheizt)
Backzeit: etwa 30 Minuten.

DIE ZUTATEN:

750 g KARTOFFELN
4 STANGEN (500 g) PORREE (LAUCH)
2 ZWIEBELN
2 KNOBLAUCHZEHEN
2 EL SPEISEÖL
500 g GEHACKTES (HALB RIND-, HALB SCHWEINE-FLEISCH)
SALZ
FRISCH GEMAHLENER PFEFFER
CAYENNEPFEFFER
250 g SAURE SAHNE
2 EL GEHACKTE PETER-SILIE
50 g GERIEBENER EMMEN-TALER
40 g BUTTER

**ETWA 4 EL BUTTER-
SCHMALZ**

**600 g GEKOCHTE PELL-
KARTOFFELN**

SALZ

**FRISCH GEMAHLENER
PFEFFER**

1 MITTELGROSSE ZWIEBEL

**150 g GEKOCHTER
SCHINKEN**

**1 STANGE PORREE
(LAUCH)**

**1 BECHER (150 g) CRÈME
FRAÎCHE**

3 EIER

KÜMMELSAMEN

SCHLEMMERTOPF (FOTO)

1. 2 Esslöffel Butterschmalz in einer Pfanne erhitzen. Die Kartoffeln pellen, in Scheiben schneiden, in die Pfanne geben, goldbraun braten lassen, mit Salz und Pfeffer würzen.

2. Die Zwiebel abziehen, fein würfeln, kurz vor Beendigung der Bratzeit hinzufügen und mitbraten lassen. Das restliche Butterschmalz erhitzen, den gewürfelten, gekochten Schinken hinzufügen und darin anbraten lassen.

3. In der Zwischenzeit den Porree putzen, gründlich waschen, klein schneiden, zum Schinken geben und kurz mit andünsten. Die Bratkartoffeln in eine gut ausgefettete, feuerfeste Form geben.

4. Die Crème fraîche und Eier verschlagen und über die Bratkartoffeln geben, die Schinken-Porree-Masse gleichmäßig darüber verteilen und mit Salz, Pfeffer und Kümmel würzen. Die Form auf dem Rost in den Backofen schieben.

Ober-/Unterhitze: etwa 220 °C (vorgeheizt)
Heißluft: etwa 200 °C (vorgeheizt)
Gas: etwa Stufe 5 (vorgeheizt)
Backzeit: 20–25 Minuten.

**400 g GEKOCHTE
KARTOFFELN**

**1 STANGE PORREE
(LAUCH)**

SALZ

100 g CRÈME DOUBLE

4 EL MILCH

**FRISCH GEMAHLENER
PFEFFER**

GERIEBENE MUSKATNUSS

**20 g GERIEBENER EMMEN-
TALER**

GEHACKTE PETERSILIE

KARTOFFEL-PORREE-GRATIN

(2 PORTIONEN)

1. Die Kartoffeln in Scheiben schneiden, in eine gefettete Auflaufform geben.

2. Porree putzen, längs halbieren, waschen und in mundgerechte Stücke schneiden. Porree etwa 10 Minuten in Salzwasser vorgaren. Dann gut abtropfen lassen und über die Kartoffeln geben.

3. Die Crème double mit der Milch gut verquirlen, mit Salz, Pfeffer und Muskat würzen und über den Porree gießen und mit Käse bestreuen.

4. Die Form auf dem Rost in den Backofen schieben.

Ober-/Unterhitze: 200–220 °C (vorgeheizt)
Heißluft: 180–200 °C (vorgeheizt)
Gas: Stufe 4–5 (vorgeheizt)
Backzeit: 10–15 Minuten.

Tipp:
Vor dem Servieren nach Belieben mit gehackter Petersilie bestreuen.

DIE ZUTATEN:

300 g GEKOCHTE
PELLKARTOFFELN
250 g ZUCCHINI
2 KNOBLAUCHZEHEN
250 ml (¼ l) SCHLAG-
SAHNE
SALZ
FRISCH GEMAHLENER
PFEFFER
GEHACKTE ESTRAGON-
BLÄTTCHEN
50 g GERIEBENER EMMEN-
TALER
BUTTER IN FLÖCKCHEN

KARTOFFEL-ZUCCHINI-
GRATIN *(2 PORTIONEN)*

1. Die Pellkartoffeln pellen, in Scheiben schneiden, Zucchini waschen, die Enden abschneiden, die Zucchini in Scheiben schneiden. Kartoffel- und Zucchinischeiben schuppenartig in eine gefettete, flache Auflaufform schichten.

2. Die Knoblauchzehen abziehen, durch die Knoblauchpresse geben, mit Schlagsahne verrühren, mit Salz und Pfeffer würzen.

3. Die Estragonblättchen unterrühren, über das Gemüse gießen, geriebenen Käse darüber streuen. Die Butter in Flöckchen darauf setzen, die Form auf dem Rost in den Backofen schieben.

Ober-/Unterhitze: etwa 220 °C (vorgeheizt)
Heißluft: etwa 200 °C (vorgeheizt)
Gas: etwa Stufe 5 (vorgeheizt)
Backzeit: 20–25 Minuten.

KARTOFFELSOUFFLÉ

1. Kartoffeln waschen, schälen, abspülen, halbieren, in Salzwasser zum Kochen bringen, in etwa 20 Minuten gar kochen lassen, abgießen, abdämpfen, heiß durch die Kartoffelpresse geben, etwas abkühlen lassen.

2. Butter geschmeidig rühren, nach und nach die durchgepressten Kartoffeln, Eigelb, Käse, Salz und Muskat hinzufügen.

3. Eiweiß steif schlagen, unterheben. Die Masse in eine gefettete, mit Semmelbröseln ausgestreute Auflaufform füllen (sie darf höchsten zu ¾ gefüllt sein), mit Käse bestreuen und Butter in Flöckchen darauf setzen.

4. Die Form auf dem Rost in den Backofen schieben.

Ober-/Unterhitze: etwa 180 °C (vorgeheizt)
Heißluft: etwa 160 °C (vorgeheizt)
Gas: etwa Stufe 3 (vorgeheizt)
Backzeit: 1 Stunde.

Beilage: Gemischter Salat.

DIE ZUTATEN:

750 g KARTOFFELN
SALZ
60 g WEICHE BUTTER
3 EIGELB
70 g GERIEBENER KÄSE
GERIEBENE MUSKATNUSS
3 EIWEISS
VOLLKORNSEMMEL-
BRÖSEL
30 g GERIEBENER KÄSE
20 g BUTTER

Tipp:
Das Soufflé sollte so heiß wie möglich serviert werden, da es beim Abkühlen leicht zusammenfällt. Es empfiehlt sich daher, bei größeren Portionen das Soufflé in kleinen Förmchen zu backen.

DIE ZUTATEN:

8 GROSSE KARTOFFELN
½ SALATGURKE
3 FLEISCHTOMATEN
1 GEMÜSEZWIEBEL
50 g BUTTER
SALZ
FRISCH GEMAHLENER
PFEFFER
GEHACKTER MAJORAN
GEHACKTE PETERSILIE
320 g TILSITER KÄSE

KARTOFFEL-KÄSE-RAGOUT

(FOTO)

1. Die Kartoffeln schälen, waschen, in Würfel schneiden, in Salzwasser 5–7 Minuten kochen, auf ein Sieb zum Abtropfen geben. Die Gurke waschen, halbieren, entkernen, in große Würfel schneiden. Die Tomaten waschen, die Stängelansätze entfernen. Die Tomaten halbieren, entkernen, in große Würfel schneiden. Die Zwiebel abziehen und würfeln.

2. Die Butter in einer flachen, feuerfesten Auflaufform zerlassen, Zwiebelwürfel zufügen, Kartoffel-, dann Gurken- und Tomatenwürfel hinzufügen.

3. Das Ragout mit Salz, Pfeffer, Majoran würzen, die Petersilie unterrühren.

4. Den Käse reiben, darüber streuen. Die Form auf dem Rost in den Backofen schieben und goldbraun überbacken.

Ober-/Unterhitze: etwa 200 °C (vorgeheizt)
Heißluft: etwa 180 °C (nicht vorgeheizt)
Gas: etwa Stufe 4 (vorgeheizt)
Backzeit: etwa 30 Minuten.

DIE ZUTATEN:

750 g MEHLIGKOCHENDE,
GEGARTE PELLKARTOFFELN
200 g GEKOCHTER
SCHINKEN
2 PCK. (JE 200 g)
KNOBLAUCH-QUARK
2 EIGELB
2 EIWEISS
BUTTER

KARTOFFELGRATIN MIT KNOBLAUCH-QUARK

1. Die Pellkartoffeln pellen, in Scheiben schneiden. Den gekochten Schinken in Würfel schneiden. Den Knoblauch-Quark mit Eigelb verrühren, Eiweiß steif schlagen, unter den Quark heben.

2. Eine feuerfeste Form ausfetten, abwechselnd Kartoffelscheiben, Schinkenwürfel und Quark-Creme einschichten. Die Butter in Flöckchen darauf setzen. Die Form auf dem Rost in den Backofen schieben.

Ober-/Unterhitze: etwa 200 °C (vorgeheizt)
Heißluft: etwa 180 °C (nicht vorgeheizt)
Gas: etwa Stufe 4 (vorgeheizt)
Backzeit: etwa 30 Minuten.

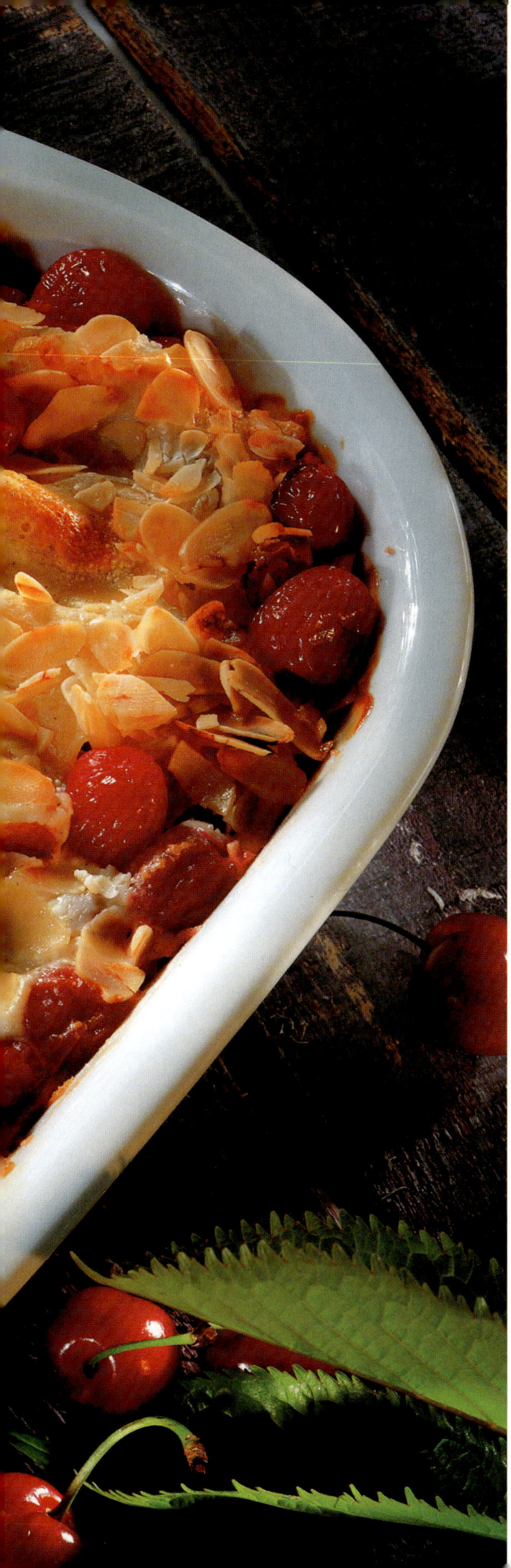

SÜSSE AUFLÄUFE

Süsse Aufläufe

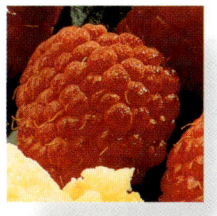

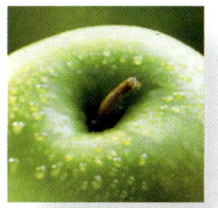

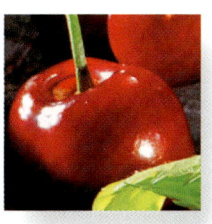

Cannelloni mit Topfenfüllung, Rezept Seite 80

500 g MAGERQUARK

2 EIER

3 EL ZUCKER

1 EL SPEISESTÄRKE

1 EL ZITRONENSAFT

1 PCK. BOURBON VANILLE-ZUCKER

100 g ROSINEN

250 g CANNELLONI

40 g BUTTER

400 g KAISERKIRSCHEN ODER SAUERKIRSCHEN

FÜR DEN GUSS:

500 g JOGHURT

150 ml MILCH

2 EL KASTANIENHONIG

2 EL MANDELBLÄTTCHEN

CANNELLONI MIT TOPFEN-FÜLLUNG UND KIRSCHEN
(FOTO SEITE 78/79)

1. Den Quark mit den Eiern, Zucker, Speisestärke, Zitronensaft und Vanillezucker verrühren und die Rosinen unterheben. Die Cannelloni ohne Vorkochen mit der Masse, mit Hilfe eines Spritzbeutels ohne Tülle, füllen. Die gefüllten Cannelloni in eine mit Butter ausgefettete Auflaufform legen.

2. Die Kaiserkirschen oder Sauerkirschen abtropfen lassen, die Kirschen gleichmäßig über die Cannelloni verteilen.

3. Für den Guss den Joghurt mit Milch und Kastanienhonig verrühren, über die Cannelloni geben, mit Mandelblättchen bestreuen. Den Auflauf auf dem Rost in den Backofen geben.

Ober-/Unterhitze: etwa 180 °C (vorgeheizt)
Heißluft: etwa 160 °C (nicht vorgeheizt)
Gas: etwa Stufe 3 (vorgeheizt)
Backzeit: etwa 50 Minuten.

4 ORANGEN

4 MANDARINEN

4 GRAPEFRUITS

1 LIMONE ODER 1 ZITRONE

1 EL ZITRONAT

1 EL ORANGEAT

4–5 EL HAGELZUCKER

1 DICKE SCHEIBE BISKUIT-BODEN (200 g)

4 cl ORANGENLIKÖR

4 EIGELB

200 ml WEISSWEIN (LIEBLICH) ODER CIDRE

1 EL ZUCKER

100 g GRÜNES MARZIPAN

PUDERZUCKER

ZITRUSFRÜCHTEAUFLAUF *(FOTO)*

1. Die Zitrusfrüchte schälen, in Spalten teilen, die weißen Trennwände entfernen, die Filets mit Zitronat, Orangeat und Hagelzucker mischen.

2. Den Boden einer flachen, gefetteten Auflaufform mit dem Biskuitboden auslegen. Den Orangenlikör darüber träufeln. Die Fruchtfilets darauf verteilen.

3. Das Eigelb mit Weißwein oder Cidre und Zucker im heißen Wasserbad schaumig schlagen, bis die Masse dicklich wird, anschließend über die Früchte gießen. Die Form auf dem Rost in den Backofen schieben.

Ober-/Unterhitze: etwa 200 °C (vorgeheizt)
Heißluft: etwa 180 °C (vorgeheizt)
Gas: etwa Stufe 4 (vorgeheizt)
Backzeit: 10–15 Minuten.

4. Evtl. kurz unter den Grill stellen. In der Zwischenzeit aus dem Marzipan Blätter formen, den Auflauf damit verzieren und mit Puderzucker bestäuben.

DIE ZUTATEN:

FÜR DEN TEIG:
200 g WEIZENMEHL
3 EIGELB
1 PRISE SALZ
375 ml (³⁄₈ l) MILCH
3 EIWEISS
100 g BUTTER

FÜR DIE FÜLLUNG:
50 g WEICHE BUTTER
75 g ZUCKER
1 PCK. VANILLIN-ZUCKER
2 EIGELB
ABGERIEBENE SCHALE
VON 1 ZITRONE (UNBE-
HANDELT)
1 EL ZITRONENSAFT
250 g SPEISEQUARK
50 g ROSINEN

FÜR DEN BELAG:
2 EIWEISS
1 PCK. VANILLIN-ZUCKER
125 ml (¹⁄₈ l) SCHLAG-
SAHNE, 2 EIGELB

Tipp:
Den Palatschinkenauflauf
vor dem Servieren mit
Puderzucker bestäuben.

PALATSCHINKENAUFLAUF

1. Für den Teig Mehl mit Eigelb, Salz und Milch verrühren. Eiweiß steif schlagen und unterheben. In einer Pfanne Butter zerlassen und 8 Palatschinken backen und erkalten lassen.

2. Für die Füllung Butter schaumig rühren, nach und nach Zucker, Vanillin-Zucker und Eigelb unterrühren, Zitronenschale, Zitronensaft, Quark und Rosinen dazugeben und alles gut verrühren.

3. Die Palatschinken gleichmäßig mit der Füllung bestreichen, aufrollen und in eine gefettete, ovale Auflaufform legen.

4. Für den Belag Eiweiß steif schlagen, Vanillin-Zucker und steif geschlagene Sahne und Eigelb unterheben. Die Eiweißmasse über die Palatschinken verteilen. Die Form auf dem Rost in den Backofen stellen.

Ober-/Unterhitze: etwa 200 °C (vorgeheizt)
Heißluft: etwa 180 °C (nicht vorgeheizt)
Gas: etwa Stufe 4 (vorgeheizt)
Garzeit: etwa 40 Minuten.

RHABARBERAUFLAUF MIT NÜSSEN

1. Den Rhabarber putzen (nicht abziehen), waschen und in etwa 2 cm lange Stücke schneiden. Die dicken Stangen längs halbieren. Mit Zucker und Himbeersirup vermengen. Rhabarber einige Zeit zum Saftziehen stehen lassen, ihn zum Kochen bringen und in 5–10 Minuten weich dünsten lassen (Rhabarber darf jedoch nicht zerfallen).

2. Eine gefettete Auflaufform mit Zwieback auslegen. Das Eigelb mit Sahne und Vanillin-Zucker verschlagen und über die Zwiebäcke gießen. Die Haselnusskerne darüber streuen und den Rhabarber darauf geben.

3. Das Eiweiß steif schlagen. Der Eischnee muss so fest sein, dass ein Messerschnitt sichtbar bleibt, Zucker unterschlagen. Den Eischnee auf dem Rhabarber verteilen (nicht glatt streichen).

4. Die Auflaufform auf dem Rost in den Backofen schieben.

Ober-/Unterhitze: 180–200 °C (vorgeheizt)
Heißluft: 160–180 °C (vorgeheizt)
Gas: Stufe 3–4 (vorgeheizt)
Backzeit: etwa 25 Minuten.

DIE ZUTATEN:

500 g RHABARBER
125 g ZUCKER
2 EL HIMBEERSIRUP
125 g ZWIEBACK
3 EIGELB
125 ml (⅛ l) SCHLAG-SAHNE
1 PCK. VANILLIN-ZUCKER
50 g FEIN GEHACKTE HASELNUSSKERNE
3 EIWEISS
50 g ZUCKER

FETT FÜR DIE FORM

800 g PFLAUMEN
3 EL WASSER
3 EL ZUCKER
2 EL ZITRONENSAFT
GEMAHLENER ZIMT
150 g ROSINEN

FÜR DEN TEIG:
350 g WEIZENMEHL
1 TL BACKPULVER
140 g BRAUNER ZUCKER
1 PCK. VANILLIN-ZUCKER
GEMAHLENER ZIMT
140 g WEICHE BUTTER
2 EIER

EINIGE MINZEBLÄTTER

Tipp:
Crumble statt mit Pflaumen mit Äpfeln zubereiten.

PFLAUMEN-CRUMBLE *(FOTO)*

1. Pflaumen waschen, trockentupfen, halbieren und entsteinen. Die Pflaumen mit Wasser, Zucker, Zitronensaft, Zimt und Rosinen aufkochen, etwa 5 Minuten dünsten, etwas abkühlen lassen.

2. Für den Teig Mehl und Backpulver mischen, sieben, mit Zucker, Vanillin-Zucker und Zimt in eine Rührschüssel geben. Butter und Eier hinzufügen. Die Zutaten mit dem Handrührgerät mit Knethaken zu Streuseln von gewünschter Größe verarbeiten.

3. Etwa die Hälfte der Streusel in eine gefettete Auflaufform geben, die Streusel festdrücken und einen Boden mit einem kleinen Rand ausformen.

4. Die Pflaumen auf dem Teig verteilen. Die restlichen Streusel auf den Pflaumen verteilen.

5. Den Pflaumen-Crumble auf dem Rost in den Backofen schieben.

Ober-/Unterhitze: etwa 180 °C (vorgeheizt)
Heißluft: etwa 160 °C (nicht vorgeheizt)
Gas: etwa Stufe 3 (vorgeheizt)
Backzeit: etwa 50 Minuten.

6. Crumble mit Minzeblättern garnieren, nach Belieben mit Vanillesauce servieren.

---

250 ml (¼ l) MILCH
9 ZWIEBÄCKE (ETWA 100 g)

800 g BIRNENKOMPOTT
500 ml (½ l) MILCH
1 PCK. PUDDING-PULVER,
VANILLE-GESCHMACK
50 g ZUCKER
2 EIGELB
2 EIWEISS
2 GESTR. TL ZUCKER

BIRNENAUFLAUF MIT SCHNEEHAUBE

1. Die Milch erhitzen. Die Zwiebäcke auf eine Platte legen, mit der Milch übergießen, kurz einweichen lassen. Das Birnenkompott abtropfen lassen, in eine gefettete Auflaufform geben, die Zwiebäcke dicht nebeneinander darauf legen.

2. Einen Pudding aus Milch, Pudding-Pulver, Zucker und Eigelb zubereiten.

3. Den Pudding auf die Zwiebäcke geben. Das Eiweiß steif schlagen, mit Zucker süßen, gleichmäßig auf den Pudding streichen oder spritzen. Die Form auf dem Rost in den Backofen schieben.

Ober-/Unterhitze: 180–200 °C (vorgeheizt)
Heißluft: 160–180 °C (vorgeheizt)
Gas: Stufe 3–4 (vorgeheizt)
Backzeit: 15–20 Minuten.

100 g WEIZENMEHL
2 EIER
250 ml (¼ l) MILCH
SALZ
BUTTER FÜR DIE PFANNE

50 g WEICHE BUTTER
40 g ZUCKER
4 EIER
125 ml (⅛ l) MILCH
125 ml (⅛ l) SCHLAG-SAHNE
680 g ENTSTEINTE SAUER-KIRSCHEN (AUS DEM GLAS)
1 EL PUDERZUCKER

CRÊPES-AUFLAUF MIT SAUERKIRSCHEN

1. Für die Crêpes das Mehl in eine Rührschüssel sieben, nach und nach mit Eiern, Milch und Salz verschlagen. Eine kleine Stielpfanne mit etwas Butter ausstreichen, eine dünne Teiglage hineingeben, von beiden Seiten goldgelb backen. Aus dem restlichen Teig weitere Crêpes backen und auskühlen lassen.

2. Butter mit Zucker in einer Schüssel verrühren, die Eier nach und nach unterrühren. Milch und Sahne unter Rühren zu der Masse geben.

3. Die Kirschen auf ein Sieb geben, abtropfen lassen, Saft auffangen. Die Crêpes in Streifen schneiden.

4. Eine Auflaufform mit Butter ausfetten, die Kirschen und die Crêpesstreifen in die Form geben, die Butter-Eier-Masse darauf verteilen. Die Form auf dem Rost in den Backofen schieben.

Ober-/Unterhitze: etwa 180 °C (vorgeheizt)
Heißluft: etwa 160 °C (nicht vorgeheizt)
Gas: etwa Stufe 3 (vorgeheizt)
Backzeit: etwa 40 Minuten (evtl. die letzten 10 Minuten abdecken).

5. Den Auflauf warm oder kalt mit Puderzucker bestreut servieren.

Tipp:

Den Saft der Sauerkirschen mit Speisestärke und Zucker binden und zu dem Auflauf servieren. Dazu 1½ Esslöffel Speisestärke und 2 Esslöffel Zucker mit etwas kaltem Wasser anrühren. Den Saft zum kochen bringen, die angerührte Speisestärke unter Rühren hinzugeben und kurz aufkochen lassen.

QUARKAUFLAUF MIT ÄPFELN

1. Die Butter oder Margarine mit dem Handrührgerät mit Rührbesen geschmeidig rühren. Nach und nach Zucker, Vanillin-Zucker, Eier, Zitronen-Aroma, Salz und Quark hinzufügen.

2. Den Grieß, Puddingpulver und Backpulver mischen, nach und nach unterrühren.

3. Die Äpfel schälen, vierteln, entkernen, in kleine Würfel schneiden, mit den Rosinen zuletzt unter den Teig heben.

4. Den Teig in eine gefettete Auflaufform füllen. Die Butter in Flöckchen darauf setzen. Die Auflaufform auf dem Rost in den Backofen schieben.

Ober-/Unterhitze: 180–200 °C (vorgeheizt)
Heißluft: 160–180 °C (nicht vorgeheizt)
Gas: Stufe 3–4 (vorgeheizt)
Backzeit: 50–60 Minuten.

Tipp:
Folgende Apfelsorten eignen sich besonders gut für diesen Quark-Auflauf: Boskoop, Elstar und Cox-Orange.

DIE ZUTATEN:

50 g WEICHE BUTTER ODER MARGARINE
125 g ZUCKER
1 PCK. VANILLIN-ZUCKER
2 EIER
1 TROPFEN ZITRONEN-AROMA
SALZ
500 g SPEISEQUARK (20%)
1 EL GRIESS
1 PCK. PUDDINGPULVER VANILLE-GESCHMACK
2 GESTR. TL BACKPULVER
500 g ÄPFEL
50 g ROSINEN
BUTTER

1 DOSE APRIKOSEN
(480 g ABTROPFGEWICHT)
75 g WEICHE BUTTER
50–75 g ZUCKER
1 PCK. VANILLIN-ZUCKER
2 TROPFEN
BITTERMANDEL-AROMA
1 EL KIRSCH- ODER
APRIKOSENGEIST
1 EI
1 EIGELB
100 g ABGEZOGENE,
GEMAHLENE MANDELN
1 EIWEISS
20 g GEHOBELTE
MANDELN
PUDERZUCKER

APRIKOSENGRATIN (FOTO)

1. Die Aprikosen auf ein Sieb zum Abtropfen geben. Die Butter mit dem Handrührgerät mit Rührbesen geschmeidig rühren. Nach und nach Zucker, Vanillin-Zucker, Aroma und Kirsch- oder Aprikosengeist unterrühren, bis eine gebundene Masse entstanden ist.

2. Das Ei und das Eigelb jeweils ½ Minute unterrühren. Die gemahlenen Mandeln hinzufügen und das steif geschlagene Eiweiß unterheben.

3. ⅔ des Teiges in 4 gefettete Auflaufförmchen Ø etwa 12 cm oder in eine Pieform (Ø 24–26 cm) geben, die Aprikosen mit der Wölbung nach unten darauf verteilen. Den restlichen Teig in die Vertiefung der Aprikosen geben, mit den gehobelten Mandeln bestreuen und in den Backofen schieben.

Ober-/Unterhitze: etwa 220 °C (vorgeheizt)
Heißluft: etwa 200 °C (vorgeheizt)
Gas: etwa Stufe 5 (vorgeheizt)
Backzeit: 10–15 Minuten.

Das Aprikosengratin mit Puderzucker bestäubt heiß servieren.

4 EIWEISS
150 g WEICHE BUTTER
ODER MARGARINE
4 EIGELB
100 g ZUCKER
ABGERIEBENE SCHALE
VON ½ ZITRONE
(UNBEHANDELT)
150 g GEMAHLENE
MANDELN
150 g ROSINEN
250 g MAGERQUARK
1–2 EL SEMMELBRÖSEL

QUARK-MANDEL-AUFLAUF

1. Das Eiweiß steif schlagen. Die Butter oder Margarine, Eigelb, Zucker und Zitronenschale so lange schlagen, bis eine cremeartige Masse entstanden ist. Die Mandeln unter die Masse heben.

2. Die Rosinen waschen, gut abtropfen lassen, mit dem Quark unter die Eigelbmasse rühren. Das steif geschlagene Eiweiß unterheben. Eine runde Auflaufform fetten, mit Semmelbröseln ausstreuen. Die Masse einfüllen, die Form auf dem Rost in den Backofen schieben.

Ober-/Unterhitze: etwa 180 °C (vorgeheizt)
Heißluft: etwa 160 °C (nicht vorgeheizt)
Gas: etwa Stufe 3 (vorgeheizt)
Backzeit: 45–50 Minuten.

Beigabe: Frische, gezuckerte Erdbeeren.

Tipp:
1 Glas Sauerkirschen abgetropft auf den Boden der Auflaufform verteilen, dann die Quarkmasse darauf geben.

DIE ZUTATEN:

4 EIGELB

100 g ZUCKER

4 EIWEISS

20 g SPEISESTÄRKE

20 g PUDERZUCKER

Tipp:

Der Eierauflauf bekommt eine lockere, duftige Konsistenz, wenn das Eigelb dick-cremig und das Eiweiß sehr fest geschlagen wird.

EIERAUFLAUF (OMELETTE SOUFFLÉ)

1. Das Eigelb mit Zucker cremig schlagen.

2. Das Eiweiß steif schlagen, auf die Eigelbcreme geben. Die Speisestärke darauf sieben, alles vorsichtig unter die Eigelbcreme ziehen (nicht rühren).

3. Die Masse in eine gefettete, flache Auflaufform geben, auf dem Rost in den Backofen schieben.

Ober-/Unterhitze: etwa 180 °C (vorgeheizt)
Heißluft: etwa 160 °C (vorgeheizt)
Gas: etwa Stufe 3 (vorgeheizt)
Backzeit: 25–30 Minuten.

4. Nach dem Backen mit Puderzucker bestäuben und sofort servieren.

Beilage: Gezuckerte Beerenfrüchte oder gedünstetes Obst.

KIRSCH-QUARK-AUFLAUF

DIE ZUTATEN:

**2 EL WEICHE BUTTER
ODER MARGARINE**
100 g ZUCKER
3 EIGELB
1 VANILLESCHOTE
50 g GRIESS
500 g MAGERQUARK
**SCHALE UND SAFT VON
1 ZITRONE (UNBEHANDELT)**

500 g KIRSCHEN
3 EIWEISS

1. Die Butter oder Margarine geschmeidig rühren, den Zucker und das Eigelb nach und nach unterrühren. Die Vanilleschote aufschneiden, das Mark herauskratzen, zusammen mit Grieß, Quark, Schale und Saft von der Zitrone unter die Fett-Eigelb-Masse rühren.

2. Die Kirschen waschen, entsteinen, unter die Quarkmasse rühren. Das Eiweiß steif schlagen, vorsichtig unterziehen, die Masse in eine gefettete Auflaufform füllen. Die Form auf dem Rost und in den Backofen schieben.

Ober-/Unterhitze: etwa 180 °C (vorgeheizt)
Heißluft: etwa 160 °C (nicht vorgeheizt)
Gas: etwa Stufe 3 (vorgeheizt)
Backzeit: 30–40 Minuten.

Tipp:
*Anstatt der Kirschen kann dieser Auflauf auch mit
anderen Früchten, z. B. Pflaumen, Aprikosen,
Pfirsichen etc. zubereitet werden.*

Auflauf, Gratin oder Soufflé?

Auflauf ist eine Art Überbegriff. Man versteht darunter eine „im Herd gebackene Speise aus verschiedenen, meistens vorher gegarten Zutaten". Gratin ist das französische Wort für Kruste. So versteht man unter einem Gratin „alles, das durch das Überbacken eine goldbraune Kruste erhält". Und ein Soufflé schließlich ist „ein durch geschlagenes Eiweiß schaumig aufgeschlagener Auflauf". Das Wort Soufflé stammt von dem französischen Verb „souffler", welches „blasen, aufblähen, auflaufen" bedeutet. Fast alles lässt sich in einen leckeren Auflauf verwandeln. Wichtig dabei ist allerdings, dass die Zutaten zusammenpassen. Probieren Sie auch Ihre eigenen Ideen aus!

Die Auflaufform

Damit Ihr Auflauf garantiert zur Hochform aufläuft, benötigen Sie zunächst eine oder mehrere feuerfeste Formen, die es aus Glas, Porzellan, Keramik, Gusseisen oder Steingut in den unterschiedlichsten Größen und Formen gibt. Bei einer Neuanschaffung empfiehlt es sich, eine kleine Form für den Haus- und Familiengebrauch (4 Personen) sowie eine große „Gästeform" (8 Personen) anzuschaffen.

Der besondere Reiz des Auflaufes besteht auch darin, dass er samt seiner Form aus dem Ofen auf den Tisch kommt. Somit lässt sich je nach Form ein rustikaler oder edler Abend gestalten. Aber ob rustikal oder edel: Aufläufe passen immer!

Formen mit hohem und glattem Rand braucht man für Soufflés, die nur kurz überbacken werden.

Wichtig: Aufläufe in großen, hohen Formen müssen etwas länger gegart werden als solche in kleinen oder flachen Formen.

Nützliche Auflauftipps

Außer einer guten Auflaufform sind noch einige andere Haushaltsgeräte hilfreich:

Ein Handrührgerät sowie ein Rührbesen für das Verquirlen von Eiern und Milch oder Sahne sowie für das Steifschlagen von Eiweiß und Schlagsahne.

Unerlässlich ist eine gute Reibe für Käse. Für größere Mengen benutzen Sie am besten eine Handreibe, ansonsten genügen einfache Gemüsereiben. Frisch geriebener Käse schmeckt frischer und kräftiger als fertig geriebener Käse aus Tüten, denn gerieben trocknet er schnell aus oder wird ranzig.

Ähnlich liegt der Fall beim Pfeffer: Nur frisch gemahlener Pfeffer besitzt sein intensiv-blumiges Aroma. Eine Pfeffermühle oder ein Mörser sind eine sinnvolle Anschaffung.

Praktisch ist ein Backpinsel zum Einfetten der Form. Als Fett eignet sich Butter am besten, da sie dem Auflauf geschmacklich den letzten Pfiff gibt. Zu einigen Aufläufen mit Mittelmeercharakter passt auch Olivenöl ausgezeichnet.

Bei sehr luftiger Auflaufmasse sollte die Form nur am Boden eingefettet werden.

Die Auflaufform sollte nie höher als zu Dreiviertel gefüllt werden, damit der Auflauf nur auf- und nicht überläuft. Am Rand haftende Fett- oder Teigreste abwischen, damit sie beim Backen nicht unansehnlich schwarz verbrennen. Aufläufe mit kalten Zutaten kommen auf die untere oder mittlere Schiene, Aufläufe mit vorgegarten Zutaten sollten in das obere Drittel des Backofens gestellt werden.

Falls ein Auflauf frühzeitig braun wird, kann er mit Alufolie abgedeckt werden, damit die Kruste nicht dunkelbraun und bitter wird. Kurz vor Ende der Garzeit wird die Alufolie entfernt und der Auflauf goldbraun überbacken.

Aufläufe sollten Sie immer sofort servieren. Vor allem Soufflés fallen schnell zusammen.

RATGEBER

Aufläufe

Obwohl Aufläufe als klassische Resteverwertung gelten, sollte man bedenken, dass auch ein Auflauf mit frischen Zutaten am besten schmeckt. Sinnvoll ist es, saisonale Angebote zu nutzen, was auch meist dem Geldbeutel zugute kommt.

Nudeln, Kartoffeln oder Reis für Aufläufe, sollten nie vollkommen gegart, sondern nur bissfest vorbereitet werden, da sie beim Überbacken im Ofen noch etwas weicher werden.

Meist werden Aufläufe mit einer Eiermilch übergossen, die dann durch den Backvorgang stockt und den Auflauf bindet. Durch das Hinzufügen von Gewürzen, Kräutern und Käse bekommt der Auflauf seine charakteristische, geschmackliche Note. Ebenso kann durch das Variieren der Gewürz- und Kräuterzutaten die geschmackliche Note nach Belieben verändert werden. Statt der Eiermilch kann der Auflauf auch mit einer Béchamelsauce oder mit einem Joghurt oder Crème fraîche übergossen werden.

Gratins

Es gibt mehrere Möglichkeiten, Gratins eine leckere Kruste zu verleihen. Neben der klassischen Käsekruste können Sie Ihren Auflauf je nach Phantasie und Geschmack mit folgenden Krusten krönen: Butterflöckchen, Semmelbrösel, Brötchenwürfel, Speckwürfel oder -streifen, zerbröselte Kräcker, z. B. Tacokräcker oder Knäckebrotscheiben, gemahlene oder gehackte Walnuss- oder Haselnusskerne, zerbröselte Cornflakes oder Löffelbiskuits für süße Aufläufe.
Die Zutaten lassen sich natürlich auch untereinander kombinieren. Butterflöckchen gehören fast immer dazu, sie verhindern auch, dass die Kruste zu trocken wird.

Soufflés

Beim Soufflé sorgt Eischnee dafür, dass die Masse beim Garen Festigkeit erhält und hochsteigt. Im Gegensatz zu Aufläufen und Gratins müssen Soufflés immer in den vorgeheizten Backofen (auch bei Heißluftherden!) geschoben werden. Ganz wichtig ist es, das Soufflé vor Zugluft zu schützen, damit es nicht zu stark zusammenfällt. Es ist aber ganz normal, dass ein Soufflé etwas zusammenfällt; je luftiger die Soufflémasse, desto schneller fällt das Soufflé zusammen.

KAPITELREGISTER

HEYNE KOCHBUCH
07/2005

Herausgeber:	Genehmigte Lizenzausgabe für den Wilhelm Heyne Verlag, München, 2000
Copyright:	© 2000 by Ceres VerlagRudolf August Oetker KG, Bielefeld
Titelgestaltung:	Kontur Design, Bielefeld
Graphisches Konzept:	Andrea Kelger, Bielefeld
Gestaltung:	M·D·H Reiner Haselhorst, Bielefeld
Redaktion:	Jasmin Gromzik, Antje Günther
Rezeptberatung:	Annette Elges, Bielefeld
Fotos:	CMA, Bonn
	Thomas Diercks, Hamburg
	Fotostudio Hailight, Düsseldorf
	Ketchum PR, München
	Christiane Pries, Borgholzhausen
	Herbert Maass, Hamburg
	Fotostudio Toelle, Bielefeld
	Brigitte Wegner, Bielefeld
	Bernd Wohlgemuth, Hamburg
Satz:	Typografika, Bielefeld
Reproduktion:	Mohn Media · Mohndruck GmbH, Gütersloh
Druck:	Mohn Media · Mohndruck GmbH, Gütersloh

Die Autoren haben dieses Buch nach bestem Wissen und Gewissen erarbeitet. Alle Rezepte, Tipps und Ratschläge sind mit Sorgfalt ausgewählt und geprüft. Eine Haftung des Verlages und seiner Beauftragten für alle erdenklichen Schäden an Personen, Sach- und Vermögensgegenständen ist ausgeschlossen.

Nachdruck, auch auszugsweise, nur mit unserer ausdrücklichen Genehmigung und mit Quellenangabe gestattet.

Printed in Germany

ISBN 3-453-17453-4

Dr. Oetker bei Heyne

Rezepte mit Gelinggarantie

In jedem dieser sechs Bände präsentiert Dr. Oetker eine Auswahl seiner besten und beliebtesten Rezepte, die sofort und mühelos nachzukochen sind.
Alle Zubereitungsschritte sind klar und exakt beschrieben, dazu genaue Angaben zu Garzeiten und Herdeinstellungen.
Attraktive Fotos zu fast jedem Rezept machen Lust aufs Kochen und Backen.

07/2000

07/2001

07/2002

07/2003

07/2004

07/2005

Alle Bände:

96 Seiten, durchgehend vierfarbig,
laminierter Pappband, Format 17,5 x 24 cm

DM 14,90/öS 109,-/sFr 14,-

Außerdem erschienen:

Dr. Oetker Modetorten
After-Eight-Torte, Fantaschnitten,
Baileys-Torte, Philadelphia-Torte ...
07/4745